人力资源选拔
与激励机制优化研究

RESEARCH ON HUMAN RESOURCE SELECTION
AND INCENTIVE MECHANISM OPTIMIZATION

王　薇◎著

中国财经出版传媒集团

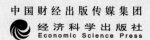

经济科学出版社
Economic Science Press

图书在版编目（CIP）数据

人力资源选拔与激励机制优化研究/王薇著．－－北
京：经济科学出版社，2023.6
　ISBN 978 - 7 - 5218 - 3958 - 6

　Ⅰ.①人…　Ⅱ.①王…　Ⅲ.①企业管理 - 人力资源管
理 - 研究 - 中国　Ⅳ.①F279.23

中国版本图书馆 CIP 数据核字（2022）第 159615 号

责任编辑：杨　洋　赵　岩
责任校对：孙　晨
责任印制：范　艳

人力资源选拔与激励机制优化研究
王　薇　著
经济科学出版社出版、发行　新华书店经销
社址：北京市海淀区阜成路甲 28 号　邮编：100142
总编部电话：010 - 88191217　发行部电话：010 - 88191522
网址：www. esp. com. cn
电子邮箱：esp@ esp. com. cn
天猫网店：经济科学出版社旗舰店
网址：http://jjkxcbs. tmall. com
北京季蜂印刷有限公司印装
710 × 1000　16 开　14.5 印张　210000 字
2023 年 6 月第 1 版　2023 年 6 月第 1 次印刷
ISBN 978 - 7 - 5218 - 3958 - 6　定价：56.00 元
（图书出现印装问题，本社负责调换。电话：010 - 88191545）
（版权所有　侵权必究　打击盗版　举报热线：010 - 88191661
QQ：2242791300　营销中心电话：010 - 88191537
电子邮箱：dbts@ esp. com. cn）

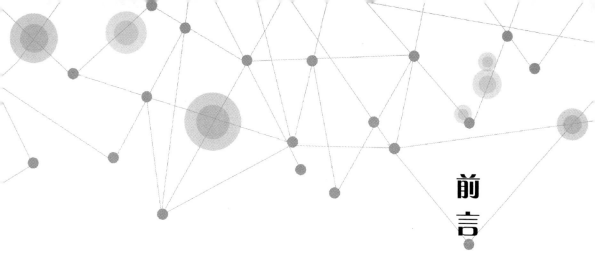

前言

　　尽管世界上许多国家都存在高失业率问题，但公司仍在努力招聘具有个性特征和能力符合公司需求的候选人。高失业率和全球人才短缺现象这一有待探索的问题值得学者和管理者的关注。本研究旨在探索合适的人员选拔方法，探索千禧一代员工的个人—组织契合度与激励匹配，通过领导—员工多层面互动提升组织的双元创新力。

　　随着全球竞争的加剧，建立和保持竞争优势已经成为企业面临的挑战。特别是在经济全球化的背景下，人力资源已经成为企业实现超越竞争的尤为重要的因素。千禧一代选择工作的原因与其他代际员工有所差异，考虑到千禧一代员工的个人特征和偏好，有必要探索员工—组织匹配问题，以及千禧一代员工的期望和公司的需求之间的匹配。同时，创新是引领发展的第一动力，是建设现代化经济体系的战略支撑，也是组织获取生存资源和竞争优势的力量之源。然而当前在中国本土情境的创新实践中，企业的创新能力仍有待进一步提升。研发是将技术优势转变为竞争能力和潜在市场利润的主要路径，也是一个企业赖以生存和持续发展的基石。研发人员拥有技术创新知识和开发应用能力，是现代企业的特殊群体，其研发成果对企业长期稳定发展具有重要影响。因此，管理者有必要针对这一员工群体自主意识和流动性较强的特点，开展有针对性的激励与多层面互动，增强其工作热情和忠诚度，提高创新力。

目 录

第一章

绪　　论

　　本研究旨在探索最佳人员选拔方法，以帮助招聘人员寻找合适的员工，有潜力为企业做出最大贡献。基于资源基础理论，人力资本是组织持续竞争优势的源泉（Coff & Kryscynski，2019；Connor，2011；Grant，2010）。然而，组织中存在着一些管理困境。例如，劳动力市场上关于求职者的能力和知识存在信息不完善和不对称的问题，雇主很难对求职者的能力以及求职者与组织的适配性做出准确判断（Coff & Kryscynski，2019）。

　　尽管世界上许多国家都存在高失业率现象，但企业仍在努力寻找个性特征和能力符合其需求的候选人。高失业率和全球人才短缺可以被视为有趣的矛盾，值得更多研究者的关注。预测显示，到2030年，美国的就业市场将有150万人的缺口，中国将有2300万人的缺口（Dobbs & Madgavkar，2018）。麦肯锡（2020）的一项新研究发现，87%的受访者面临人才短缺的问题，这反映了全球人才短缺的广泛影响。其中主要问题是人才与组织的不匹配，许多有才能的员工在不适合自己的岗位上工作（Ray et al.，2021）。组织需要确定企业已经拥有的人才，探索满足企业目标所需的人才，估计两者之间的差距，并试图弥合它。另外，人力资本专业人员必须查明企业发展需要的人才，并具体说明获取和发展这些员工所需的方法。求职者则应该拥有合适的技能、个性、经历和文化契合度。

未来的工作场所和劳动力将与今天的劳动力市场大不相同。为了跟上全球经济的快速增长，人力资本专业人员需要对未来的人力资本进行预测和规划（Ray et al.，2012）。千禧一代已经逐步走上工作岗位，填补了劳动力市场，然而目前在许多企业，尤其是初创企业中，千禧一代员工的流动率很高（Hershatter & Epstein，2010），产生了更高的离职成本和更低的员工敬业度（Boudreau，2010；斯凯特，2017）。这些员工能够接触到广泛的信息来源，有更多的机会和选择，倾向于在获得工作经验后跳槽（Raines，2018；Thompson & Gregory，2012）。人员流动和知识流失的高成本，是很多企业面临的棘手问题，也会导致其他员工承担更多的工作量，士气下降，表现出较低的敬业度和绩效（Junginger，2018）。因此，如何提高工作绩效、解决高离职率问题已经成为企业亟待解决的问题。

不同岗位中能够为企业创造最大价值的"成功"员工有各自的特点。评估"成功"有一系列标准，如任务绩效、离职行为、反生产力和组织公民行为（OCB）（Drasgow et al.，2012；Rich et al.，2010）。一些个人特质也被用来评估员工的绩效，如与工作相关的教育、技能和经验，令人满意的产出水平，低错误率，作出合理决策的能力，降低成本和提高利润的想象力和创造力，尊重和考虑他人的感受，愿意帮助别人完成他们的目标，以及主动性、可靠性和毅力（Bormann et al.，2017）。可以通过这一套标准挑选可能为企业创造最大价值的员工。考虑中国和美国企业在高离职率和人员—组织适配方面所面临的主要挑战，本研究重点关注员工的人格特征和胜任能力，以及人员—组织适合度，这些因素会影响员工的工作绩效、离职倾向，以及缺勤和迟到等考勤表现。

尽管近几十年来已经发展出不同的人员选拔研究和量表，但关于人口统计特征、人格特征、工作能力和人员—组织适配度对人员选拔标准的影响，仍然缺乏系统的实证研究。因此，本研究的主要目的是巩固有关跨国背景下的人员选拔理论，并将其与具体的个性特征、工作能力和人员—组织适配联系起来，提高预测的准确性和员工的工作绩效。本研究旨在探索人格特质、履历信息、员工胜任力和人员—组织适配度是否会影响工作绩效、离职倾向、旷工和迟到等工作结果，以及最具价值员工是否有一些共同的特质。最具价值员工和平均贡献员工可以通过一套标准，使用 DEA 和 Naïve 贝叶斯分析进行分类。本研究采用 HEXACO 人格量表中的六个人格特质维度，即诚实—谦逊、情绪性、外向性、宜人性、尽责性和开放性。本研究还包括人口统计数据、胜任力测量和员工素质匹配，以调查每个维度对工作结果的贡献。

本研究有助于人力资源管理和国际商业研究在以下方面的探索：（1）员工人格特质、员工胜任力和人员—组织适配度对工作成果的影响；（2）在不同文化背景下进行对比，提供了具有比较性的人员选拔方法，对具有不同文化背景的员工性格差异与工作绩效之间关系进行比较；（3）采用基于网络的动态测试系统，能够节省时间，提高反应率，提高评估准确性；（4）DEA 和 Naïve 贝叶斯分类模型有助于将最具价值员工从其他员工中分离出来，由此确定人员选拔过程中重要的参考群体。朴素贝叶斯分析比人工神经网络和遗传算法等其他方法更适合，它将用于筛选和确定与组织最为适配的员工群体。

同时，随着全球竞争的加剧，建立和保持竞争优势已经成为企业面临的挑战。特别是在经济全球化的背景下，一方面，人力资源已经成为企业实现超越竞争的尤为重要的因素。千禧一代选择工作的原因与其他代际员工有所差异，考虑到千禧一代员工的个人特征和偏好，有必要探索员工—组织匹配的问题，以及千禧一代员工的期望和企业的需求之间的匹配。另一方面，创新是引领发展的第一动力，是建设现代化经济体系的战略支撑，也是组织获取生存资源和竞争优势的力量之源。因此，管理者有必要针对企业研发人员自主意识和流动性较强的特点，开展有针对性的激励与多层面互动，增强其工作热情和忠诚度，提高创新力。

第二章

文献综述

本章介绍了有关人员选拔、人员—组织匹配、工作结果（离职意向、工作绩效、缺勤和迟到）和人员选拔措施问题的文献综述，回顾了本研究中主要概念的相关文献。

◼ 第一节　人员选拔的相关研究

在组织各级人员招聘和选拔的竞争环境中，人员选拔成为提高绩效的关键因素。如果做得好，组织将获得更多合格的员工，并为投资带来回报；相反，组织将面临较低的员工绩效和高流动率。虽然没有一个选拔过程是完美的，但其中关键的选拔标准是，优秀的新雇员将适应一个组织的文化。组织崇拜代表员工所分享的规范、信念和价值，并作为组织行为的指南（Ott，1989；Schein，1990）。

人力资源管理最重要的部分之一是人员选拔（Chien & Chen，2018）。当申请人申请组织中的特定职位时，人员选拔的基本目的是确定哪位申请者具有必要的知识、技能和能力，能够高效地完成工作的需要（Kaynak，

2012）。多准则决策（MCDM）是一种著名的决策方法，可用于人员选拔过程。大多数研究者应用了层次分析法（AHP）、网络分析法（ANP）、理想解相似排序技术（TOPSIS）、模糊集理论、专家系统（ES）及其混合方法。

根据工作要求识别、权衡和评估候选人可以被视为人员选择的功能。知识、技能和经验等人员能力对组织的成功起着重要作用，因为雇佣一个人的错误决定而造成的后果是很难纠正的（Liao & Chang，2019）。组织的主要目标之一是寻找更有力的方法来评估和排序一组人员。组织关注的是在候选人中选择合适的员工（Robertson & Smith，2019）。当人员选择战略与组织的战略相一致时，就会对组织绩效产生积极的贡献（Stone，2016）。企业耗费大量的时间和资源来招聘员工，如果将时间和成本花费在雇用、培训和解雇令人失望的员工上，成本也会随着时间的推移而增加。因此，有效地评估和选择最合适的员工是非常必要的（Golec & Ka-hya，2017）。传统的人员选拔方法采用的是实验和统计技术方法。在实验方法中，决策者利用自己的经验和对岗位规范的理解，最终选择将要聘用的员工。在统计技术方法中，决策者通过应聘者考试的安排和成绩的衡量来进行决策。对相关候选人进行面试是人事选拔的一种常用方式。罗伯逊和史密斯（Robertson & Smith，2018）提出了显著能力和可用性的面试，以预测应聘者未来在工作中的表现。为了在组织中做出更好的人员选择决策，目前已有大量研究，主要基于人力资源管理中的面试、工作样本测试、评估中心、简历、工作知识测试和性格测试等（Chien & Chen，2018）。

人员选拔的目的是把合适的人放在合适的岗位上，这是一个复杂的决策过程。人员选拔过程需要一个正式、系统、合理的选拔模型。首先要根据工作岗位确定哪些标准可作为评价依据；另外，必须确定每个标准的重要性。每个标准都有不同的重要性，或者不同的决策者会对同一个标准赋予不同的权重。因此，如果没有一定的标准，在人员选择时可能会使用错误的评选工具（Dagdeviren & Ydksel，2017）。通常使用决策划分是多准则决策，它可以处理与存在许多决策标准有关的决策问题，是运筹学模型的一个分支。这类模型通常称为多属性决策模型（MCDM），分为多属性决策模型（MADM）和多目标决策模型（MODM）。每一种决策模型都包含几种方法，每种方法又可分为确定性方法、随机方法和模糊方法。有时，研究人员可能结合使用上述方法。根据决策者数量的不同，上述方法还可以分为单一决策方法和群体决策方法（Pohekar & Ramachandran，2014）。大多数学者将 AHP、ANP、TOPSIS 和专家系统应用于人员选拔。

企业如何进行人员选拔差别很大。很多时候，企业默认使用传统的笔试对潜在求职者进行统计比较。其他企业则采用一般的面试方式，凭直觉判断应聘者是否符合工作要求。在任何一种情况下，组织都会确定申请人和组织之间的"契合度"。然而，"契合度"可能是由一些无形因素决定的，比如人际交往能力、团队导向、外表以及对应聘者在组织文化中工作能力的看法。对于一个组织来说，确定潜在员工将如何适应其经营方式是至关重要的（Boyatzis & Skelly，2014）。一个求职者可能在筛选测试中表现良好，但一旦被录用，他或她可能不"适应"企业的运作规范、信仰或价值观，不能很好地完成工作。如果个人和组织的期望没有某种一致性，新员工可能会经历挫折和愤怒，并很快寻找另一份工作（Pascale，2019）。在这种情况下，人事选拔过程就失败了。同样，在一般的招聘面试中，几乎没有向应聘者传达组织的实际情况，新员工可能会不了解工作情况，以及相关工作是如何完成的。如果新员工很快开始寻找另一份工作，那么人事选拔过程也是失败的。在新员工和组织之间显然存在着一种心理契约，这种契约的形成始于人员选择过程（Boyatzis & Skelly，2017）。

虽然没有完美的人事选拔过程，但通常存在一个关键的选拔标准，即应聘者是否能很好地融入组织文化。组织文化代表了员工共同的规范、信仰和价值观，并作为组织行为的指南（Schein，1990；Ott，1989）。组织文化最早是在人员选择过程中被引入员工的，也开始了社会化的过程

（Pascale，2018）。社会化发生在新员工学习和被教导"如何在这里开展工作"的时候（Conrad，2010）。在申请人筛选过程中，组织评估潜在的员工如何融入集体，而申请人开始了解组织的期望及其运作方式，尽管是在一个隐性的环境中完成。分享和学习组织文化的艺术也是面试官和应聘者交流的一部分，或可作为筛选过程的重要组成部分。

在任何人员选择过程中，都可以对组织和申请人之间的契合度进行一般性评估。然而，人员选拔的目标是更全面地评估组织文化的元素，提供人力资源（human resources，HR）和性能改进的专业人士与特定的方法来评估该组织文化和筛选求职者，以确保个人和组织之间的良好匹配。这一过程的优势很明显，即员工和组织的契合度越高，员工越有可能在企业持续工作，从而为组织带来投资回报。将组织文化融入人员选择过程的序列中有五个步骤，具体如下：

（1）内部组织文化分析；

（2）提炼组织文化"线索和线索"；

（3）沟通和建立共识；

（4）确定组织文化选择标准；

（5）实现组织文化的融入。

要使组织文化要素作为人员选拔标准的一部分，组织必须首先对自身特点进行分析。第一步是最困难的，需要花费时间和资源对谁、什么、何时、何地、为什么以及业务如何运作进行真实地分析。更困难的是试图分析文化中的无形元素，如信仰、价值观和潜在的观念。组织文化已被广泛研究，但很少用于提高员工的绩效，需要将组织文化描述为不同层次研究的综合（Dyer，2020）。这些层次代表了员工有意识或无意识地对所处环境以及他们之间如何互动的意义的深度。对文化层次的研究来自社会学或人类学传统，这一传统表明人类通过社会构建自己的现实（Eisenberg & Goodall，2013）。在组织环境中，人们通过交互来构建诸如人们坐的位置、企业标志、使命宣言以及管理层如何与员工互动等事物的含义。组织文化存在于员工之间的思想和互动中，而不是独立于人之外的静态现象。因此，组织文化由共同的规范、信念和价值观组成，并通过相互作用而产生、维持和改变（Eisenberg & Goodall，2013；Conrad，1990）。因此，组织文化不是一成不变的、统一的实体，它是员工之间维持持续、动态的沟通的一种功能。

组织文化的强弱程度会影响个人偏离传统操作实践的程度（Deal & Kennedy，2012）。因此，这一概念也可以看作员工如何平衡个体独特性和组织如何开展业务的约束。艾森伯格和古道尔（Eisenberg & Goodall，2013）认为，在组织文化中，员工必须平衡创造力和约束，这种平衡在员工之间的日常互动中不断变化。组织沟通和文化共享一种共生关系，人们无法分析或理解其中一个而摈弃另一个。组织文化的层次可以作为框架，能够帮助理解嵌入在组织环境中的丰富含义。第一级由物理工件或行为模式组成。文件、使命和愿景陈述、年度报告、办公家具的布局、员工坐在哪里、和谁坐在一起、员工的语言（行话、幽默、隐喻）以及日常互动的方式和地点都只是其中的一些因素。

一、人员选拔方式

（一）面试

人员选拔的通用标准有助于人力资源专业人员进行甄别选拔措施。根据这些标准，常见的选择方法有一些优缺点。选拔面试被定义为"由一个或多个人发起的面谈，以收集信息和评估应聘者的就业资格"（Posthuma，2012）。大多数企业采用面试选拔，这是最普遍的选拔方法。然而，选拔面试作为一种主观的选拔方法，在不同的组织中可能会存在偏见、效用低和不可靠的情况。另一个缺点是面试的成本相对较高。库珀和罗伯逊（Cooper & Robertson，2014）讨论了两种主要的面试类型——传统的临时面试和结构化面试。结构化面试是根据特定职位的胜任特征要求，遵循固定的程序，采用专门的题库、评价标准和评价方法，通过考官小组与应考者面对面的言语交流等方式，评价应考者是否符合招聘岗位要求的人才测评方法。与传统面试相比，结构化面试更具优势，因为它们专注于与工作相关的特征。此外，结构化面试比传统面试更有效、更可靠、更实用。

与非结构化面试相比，结构化面试对面试内容的界定更为明确。因此，结构化面试的成功更有可能被复制，面试内容能够被更好地分析和综合利用，以确定是否适合其他工作类型和工作环境。尽管如此，很多组织仍然更倾向于非结构化的面试（Graves & Karren，2016）。一项全面研究表明，结构化面试的不同组成部分会影响面试的心理测量特性，以及申请人或面试者的反应（Campion et al.，2017）。

在一个高度标准化的情景面试中，申请人对假设的关键工作事件做出回应，这样就不太容易受到评级偏差的影响（Kataoka et al.，2017）。电话面试能够有效获得标准化的申请人信息，其效度系数与传统面试相似（Schmidt & Rader，2019）。采访者的经验和培训进一步规范了面试（Conway et al.，2015，Campion et al.，2017，Huffcutt & Woehr，2019）。记录训练可以提高注意力、编码、回忆和评估聚焦于工作行为的面试信息（Burnett et al.，2018）。结构化面试以一致的方式对待申请人。在包含非认知构念相关内容的高度结构化面试中，种族的平均差异更有可能减少，在高复杂性的工作中更是如此（Huffcutt & Roth，2018）。即使特征编码独立于测试内容，被试者的人际和非语言行为特征（例如，注视、手部运动和身体吸引力）也可以预测管理有效性的几个维度，如领导力、团队合作和计划/组织等（Burnett & Motowidlo，2018）。面试中的人际行为与不同的工作绩效标准之间的收敛效度和区别效度应予以考虑。

（二）简历信息调查

另一种常用的人员选拔方法是简历信息（bio data）调查，其前提是过去的绩效是未来绩效的最佳指标。简历信息测量已被证明是人员选拔的良好工具（Cucina et al.，2012）。像其他几种人员选拔方法一样，简历信息调查自有其特点，它关注的是一个人的生活事件/特征与未来表现、离职和旷工之间的统计关系，而非预测因素和标准之间的任何心理联系。证据表明，简历信息能够预测工作绩效的重要因素（Cooper，2015）。

申请表和个人履历问卷是收集个人资料的两种主要方式。申请表要求提供的信息有限——年龄、婚姻状况、工作经历等。个人履历问卷要求更详细的生活史信息，包括可验证的客观题项和不可验证的主观题项（Chamorro-Premuzic & Furnham，2010）。有证据表明，在工作结果方面，如人员流动等，使用直接从求职者处收集的简历信息比其他方法更有效和可靠（Conner，2016）。由于获得这类信息的成本较低，简历信息调查的使用频次很高。

简历信息是有效的工作绩效预测指标，可以在就业前筛选不合适的申请人。证据表明，人口统计信息与离职、旷工、事故率和工作成功显著相关（Cooper，2015）。一些研究认为，与传统的人格量表相比，简历信息为工作绩效和职业成功提供了可比较的有效预测指标（Mount，2017）。奥斯瓦尔德（Oswald et al.，2014）发现某些类型的简历信息，如身体健康和道德与员工旷工显著相关。例如，身体健康的员工往往缺勤率较低（Oswald，2014）。

简历信息测量也有一些缺点，比如简历造假，这是使用简历信息的主要缺陷。背景调查可以解决这个问题，但在许多组织中并不可靠。证据表明，无法验证的信息增加了简历造假的可能性（Becker，2012）。为了减少应聘者伪造符合社会要求的回答的可能性，开放式问题——例如，"给出三个你在压力下表现得很好的情况的例子"（Hough，2010）——可以被采用，这样应聘者必须详细说明他们的答案。研究表明，精细题项的效度高于标准简历信息（Schmitt，2013）。

将简历信息用于员工选拔的历史悠久（Stokes，2012）。个体研究

（Harold，McFarland & Weekley，2016）和群体分析（Schmidt & Hunter，2008）的结果都证明了使用个人历史信息作为预测指标的价值。事实上，许多研究人员（Ployhart，Schneider & Schmitt，2006）已经得出结论，简历信息是预测员工绩效和离职率的最佳选择工具之一。即便大量证据证明其作为预测指标的价值，然而很多雇主并不经常使用（至少不以任何正式方式使用）简历信息。例如，盖特伍德等（2008）引用了几项研究，对美国、欧洲和澳大利亚的人力资源经理就其组织对简历信息的使用进行了调查。这些研究报告中对简历的使用率均不高于17%。另一项对255名人力资源专业人员的调查结果可以解释为什么简历信息没有得到更广泛的使用（Furnham，2018）。与包括"个人预感"在内的其他11种选择工具相比，简历信息在有效性（排名第10）、实用性（排名第9）和合法性（排名第10）方面被认为有所欠缺。在实用性方面，开发某些类型的简历信息量表可能需要大量样本和技术专长，所以并非所有方法都适用。近年来，与其他选拔方式相比，研究人员似乎对简历信息的关注较少。相比之下，更多研究侧重于性格测试、评估中心、认知能力测试、面试和情境判断测试。

戈德史密斯（Goldsmith，1922）检验了九个"个人历史"项目（如婚姻状况、教育、加入俱乐部）预测保险代理人第一年销售额的能力，发现使用一个人的简历信息可以改善招聘决策。具体来说，在得分4分或以上分数的259人中，有58人被认为是有效的。相比之下，得分低于4分的243人中有11人（4%）被认为是有效的。戈德史密斯研究的几个方面值得注意，首先，只使用了少数简历信息项目。其次，许多使用的项目（如年龄）可能不会在今天使用。再次，戈德史密斯没有报告给定项目与销售关系的数据。最后，对每个项目的使用都提供了解释。例如，有人建议，以前工作涉及与公众互动的个人更有可能拥有作为代理人所需的社交技能。

多年来，简历信息已以多种不同方式定义，但一些定义较为狭隘。例如，尼克尔斯（Nickels，2004）将简历信息项目描述为要求人们描述自己生命早期发生的行为和事件。其他人则采取了更广泛的观点。例如，许多使用的简历信息量表测量了"气质、工作条件评估、价值观、偏好、技能、资质和能力"（Mount，Witt & Barrick，2000）。然而，其他研究人员从未定义过这个术语的含义。例如，一些研究人员（Doverspike & Cober，2002）通过询问有关申请人以前职位的工作时间和过去 5 年的工作数量来考虑申请人的工作经验。其他研究人员（Balsam & Dunn，2009）使用了简历信息项目（例如，"我喜欢和别人一起做事""我的老师/讲师认为我是一个善于交际的男孩/女孩""我妈妈年轻时在外工作"）来挖掘广泛的变量（例如，教育经历、偏好、个性、家族史）。不过，研究人员未能就简历信息的构成达成一致认知。如果将简历信息视为包括兴趣、个性、技能和价值观等内容，则很难将简历信息度量与其他度量区分开。为了说明这一问题，马埃尔（Mael，2001）提供了简历信息项目属性的分类，认为"简历信息项目的核心属性是这些项目与可能影响个人行为和身份的历史事件有关"。涉及行为意图、人格特征的自我描述、个人兴趣和能力等变量的项目超出了简历信息所包含的范围。

关于简历信息量表有效性的结论存在不一致的现象。与经验关键和因素分析量表一样，合理的量表能够预测员工业绩（Stokes & Searcy，2009）。一项元分析发现，在所有三种量表构建策略中，标准相关的交叉效度水平相似（Hough & Paullin，2004）。理性的、经验导向的和因素分析的量表不需要分别执行和比较，因为这些策略可以反复进行交互。

关于简历信息的可推广性，简历信息关键字的可靠性、因子结构和有效性都相对稳定（Dalessio et al.，2016）。元分析发现，工作经验的数量和任务级别特异性与工作绩效相关性最高。合理的简历信息量表可能对单独的种族/民族群体产生不充分的效度水平，但实证项目分析可以用于生成跨群体有效的量表（Schmitt & Pulakos，2018；Schmitt et al.，2019）。惠特尼和施密特（Whitney & Schmidt，2017）发现，在他们检查的简历信息项目中，大约有 1/4 的题项在种族亚群之间发挥着不同的作用。

（三）心理测试

通过互联网（在线测试）以及最近通过移动设备进行的心理测试，与简单的计算机测试不同，因为申请人通常通过互联网连接远程登录，并可以完成无监控器版本的测试（Ryan & Derous，2019；Scott，Bartram & Reynolds，2018）。互联网测试发展早期确定的两个领域主导了有关测量等价性的研究（Potosky & Bobko，2004；Ployhart et al.，2003）和考试安全，包括考生诚信与作弊（Naglieri et al.，2004），也适用于移动交付的测试（Morelli et al.，2014）。在线测试的测量等效性包含有监督和无监督的条件，以及互联网和纸笔格式（Beaty et al.，2011；Tippins et al.，2006 年）。然而，等效性研究的方法学局限性可能导致结果偏倚。勒科夫等（Le Corff et al.，2017）回顾了以往研究，认为由于大多数研究采用了受试者之间的设计，很难区分组间效应和格式效应。在研究中，他们检验了被试者在网络和纸笔上完成的相同人格量表，结果表明，基于定量和定性比较的结果近似。

随着应试者的数字参与越来越多地转移到移动设备，研究试图测试基于互联网和移动方式之间的测量等价性。除了在移动设备上完成的认知测试得分较低之外，被试人员的人格和认知测试的分数是相等的资料来源。布朗和格罗森巴赫（Brown & Grossenbacher，2017）也发现了移动设备和非移动设备上的测量基本一致。金等（King et al.，2015）进行了进一步对比，发现在移动端完成的认知测试与在移动设备上完成的认知测试并没有测量等效性。谭普乐和兰格（Templer & Lange，2008）发现，在有监测和无监测的互联网测试中，被测者之间和被测者内部的测量结果是等价的，结论是管理方法对测量效度没有影响。

然而，对测量问题的关注忽略了在线测试中的一个关键问题，即在无监考设置的情况下，假冒和欺骗性地完成测试（Lievens & Burke，2011；

Tippins et al.，2006）。研究人员考虑了应对此类欺诈的方法，例如，通过分析（Guo & Drasgow，2010；Tendeiro et al.，2013）或远程监督（Karim et al.，2014）。文献中对这一问题的处理考虑了测量过程的作用。例如，利文斯和伯克（Lievens & Burke，2011）分析了来自现场样本的数据，在非监控测试之后使用了监控验证测试，报告的作弊证据可以忽略不计（通过异常的分数差异检测）。此外，兰德斯和萨克（Landers & Sacker，2012）认为，通过使用无监督的测试获得更广泛的申请人数据，可以导致平均成绩的提高。

早期研究表明，与传统笔试相比，申请人普遍更倾向于网络测试（例如，Ployhart et al.，2003；Potosky & Bobko，2014；Salgado & Moscoso，2013；Templer & Lange，2018）。网络测试不再局限于使用笔记本电脑或个人电脑，申请者也开始使用智能手机或平板电脑。移动测试似乎特别受来自特定人口群体的青睐，如年轻人、女性、西班牙裔和非裔美国人（Arthur et al.，2014；Morelli et al.，2014）。然而，对测试模式的适应程度可能会显著影响申请人的反应和测试表现。事实上，金等（King et al.，2015）的一项研究表明，与使用手机测试相关的焦虑会影响申请人的测试表现，并导致对手机测试更多的负面反应。同时，环境和环境因素相关地使用移动测试（例如，运动、听觉和视觉干扰）可能会导致较低的测试性能以及较低的效率。和效果相比，电脑网络测试（Coursaris et al.，2012）导致求职者之间的反应不那么有利。这些偏好的原因仍然存在疑问。例如，李等（Lee et al.，2016）揭示了良好的申请人对心理测试数字化（例如，2D 和 3D 动画、真人视频）的反应，因为与基于文本的格式相比，数字格式为他们提供了更大的机会，能够提高对程序以及使用程序的组织的公平性和工作相关性的认识。

（四）认知能力测试

一些研究表明，认知能力测试作为衡量一般心理能力（general mental

ability, GMA; Digman & Takemoto-Chock, 1981）的选拔方式，在大多数工作环境中的人员选拔是有效的。库珀和罗伯雷特森（Cooper & Roberar-etson, 1995）认为认知测试是最广泛和最有说服力的人员选拔方法之一。长期以来，认知测试的有效性一直存在争议。施密特和亨特（Schmidt & Hunter, 1993）研究了认知测试在人员选拔中的有效性，结果表明，当对各种因素进行调整时，比如样本量和可用分数范围的限制，关于认知能力测试的研究得出了非常一致的结果。事实证明，认知测试在许多情况下都是有效的，可以用来预测工作场所的工作表现（Murphy, 1988）。这意味着 GMA 测试应该包括在大多数选择程序中。

目前，认知能力测试被越来越多的组织应用于人员选拔过程中。认知能力测试，特别是 GMA 分数，已被证明是工作表现的唯一最佳预测器（Chamorro-Premuzic & Furnham, 2010）。第一批开创性评论指出，GMA 是培训和工作绩效的最佳能力预测指标之一，因为 GMA 得分高的员工往往工作得更快、更好、更有效（Ghiselli, 1973）。亨特和施密特（Hunter & Schmidt, 2016）认为个人 GMA 对工作绩效的影响大部分可以用工作知识来解释。另外，监管评级与 GMA 正相关，即更高的监管评级转化为更高的工作绩效。GMA 在工作中的重要性并不局限于理想的工作成果，它已被证明与反生产行为负相关，如员工盗窃、高旷工水平和迟到（Chamorro & Fernheim, 2010）。较高的 GMA 分数的抑制作用使聪明的员工能够预见到反生产行为的消极后果，并抑制它们（Lubinski, 2000）。因此，在 GMA 测试中应该考虑工作复杂性。

GMA 包括推理、计划、解决问题、抽象思考、理解复杂想法、快速学习和从经验中学习的能力，不仅仅是书本知识、狭隘的学术技能或应试智慧。它反映了一种理解我们周围环境的更广泛、更深的能力（Gottfred-son, 1997）。认知能力测试包括以下三个主要维度：语言理解涉及个人理解和使用口语和书面语的能力；量化能力是指一个人解决算术问题的准确性和速度；推理能力涉及个人解决许多不同问题的能力（Hollenbeck et al.，2007）。组织选择关注候选人认知能力的不同方面，而工作的复杂性决定了认知能力测试的效度，工作的复杂性越高，测试的效度越高。莱宾等（LePine et al.，2000）发现，认知能力测试的预测效度"在动态和随时间变化的工作中也更高，因此需要在职人员的适应性"。在快速变化的行业，如技术领域，工作要求员工具有更高水平的认知能力，以快速适应环境的变化（Burrows，2010）。认知能力测试的一个主要缺点是可能会对少数群体产生不利影响。《美国员工选拔程序统一指南》将负面影响定义为"在招聘、晋升或其他就业决策中，对种族、性别或族裔成员不利的显著差异的选拔率"（Hough et al.，2011）。当外表中立的雇佣行为对选定群体的负面影响大于其他行为时，就会产生负面影响。例如，虽然 99 分的学生比 90 分的学生表现更好，但 90～100 分的学生任何一门课都能拿到 4.0 分。窄带的使用表明分数相差很小的相似人群，将提高人员选拔的有效性和准确性。

认知能力测试是用来衡量候选人的工作能力，而性格测试则是用来衡量候选人是什么样的人以及他们想做什么。虽然认知测试是个人特质的可靠测量方法，但这些测量方法的有效性和普遍性产生了混合的结果（Morgeson，2007）。因此，GMA 并不是工作绩效和职业成功的唯一预测指标，但它是一个实用且准确的指标，能够反映个人学习新事物，解决复杂问题，适应环境的能力（Chamorro-Premuzic & Furnham，2010）。自最早的人员选拔研究以来，认知能力一直是试图区分候选人和预测后续工作绩效的主要方法之一。在 20 世纪 80 年代，几项关于认知能力测试的标准相关效度的元分析研究产生了结论性的结果（Schmidt & Hunter，1998）。这些研究在认知能力的有效性和认知能力在测试不同种族人群时的公平程度方面都有明确的发现。研究结果表明，认知能力提供了与标准相关的效度，概括了几乎所有职业领域。关于顺从效度的结果也有相当的结论性，表明认知能力提供了对后续工作表现的准确预测，在不同的种族群体中，这种预测的准确性较为相似。也就是说，认知能力测试并没有对不同少数民族的成员提供顺从的"不公平"的预测（Cleary，1968）。当然，这些研究发现并不意味着为了所有的选择目的而使用认知测试是明智的。如前文所述，由于一些少数群体成员在这类测试中得分较低，不利影响的问题难以处理。如果一些群体的分数较低，对参与设计和验证选择程序的人来说是一个挑战。

研究表明，认知能力的核心维度（一般心理能力，或"g"）是预测未来工作表现的关键组成部分。使用特定能力（即一般心智能力的子成分）并不能增强单独使用"g"所提供的预测（Olea & Ree，1994；Ree et al.，1994）。传统的能力测试侧重于评估自 20 世纪初以来一直被认为是智力基础的特定能力（Carroll，1993）。这些因素（现在被概念化为流动智力、结晶智力、视觉化能力、检索能力和认知速度）仍然是今天使用的大多数认知能力测试的基础。与认知能力相关的一个有趣领域是"实用智能"的发展（Sternberg & Wagner，1995），实际智能可以与学术追求成功背后的那种智能区分开来。实用智能与正式的学术成就无关，但与人们在日常生活中寻求实现目标的过程中所发展的能力直接相关。

认知能力的自我选择可能先于人员选择。求职者可能会选择或被吸引到与求职者自身的一般认知能力相符合的能力要求的工作中（Wilk & Sackett，1996）。能力自我评估可能导致寻求指导和能力测试的实践（Ryan et al.，1998）。一般认知能力在各种认知能力测试（如语言、数字和空间测试）之间呈正相关关系，而共同方差往往使单一的一般认知能力因素 g 值发生变化。对于许多工作和实际工作成果（工作知识获取、培训绩效和工作绩效），g 值预测良好（Levine et al.，1996）。对于不太复杂的工作或复杂学习的后期阶段的预测，g 值用处不大，但很少是无用的（Gottfredson，1997）。g 值越高的个体，其特定能力之间的相关性越低（Legree et al.，1996）。因此，将个人的特定能力（或能力概况）与特定的工作相匹配，对于 g 值较高的个人来说尤为重要（Lubinski & Benbow，2019）。项目反应理论和计算机化的自适应测试已经厘清了 g 值和导致 g 值的特定能力之间的关系（Sands et al.，2017；Segall，2019）。开发良好的认知能力选择测验不能仅仅依靠知识 g。

学术成就和语言能力元分析发现，本科大学平均绩点（GPA）预测了许多类型的组织的工作绩效，特别是在更接近 GPA 的时间内衡量的工作绩效（Roth et al.，1996）。另一项元分析报告了能力倾向测试预测研究生 GPA 的实质性标准相关有效性。专业测试（可能是类似于工作知识的测试）比语言和数学测试有更高的有效性，但后两者都是有用的（Kuncel et al.，1999）。不断增加的移民和随之而来的劳动力多样性建议在选择某些工作时衡量英语语言能力。该测试预测了总体工作绩效的监督评级（Chan et al.，1999）。通过计算机对人类语言的实时处理和分析，英语口语能力评估现已成为可能（Bernstein 1999），逆向认知能力的测量往往显示出重大的种族群体平均差异。

（五）人格特质测量

认知能力测试关注的是人们处理信息的能力，而人格特征测试则关注的是人们的行为风格，这将工作场所预测提升到了一个新的水平（Cooper，1995）。人格特质被广泛定义为"稳定的、内在的、个人的倾向，在不同的情况下决定相对一致的行为模式，包括感觉和思想"（Chamorro-Premuzic & Furnham，2007）。这些是特定情况下人们行为差异的原因，而这些不同的行为往往在差异化环境中仍然存在。换句话说，具有不同人格特征的人在任何情况下都不会有相同的反应，但具有相同人格特征的人在这些情况下会有相似的行为。人格特质测量有助于人力资源专业人员在许多情况下预测员工的工作场所行为（Chamorro-Premuzic & Furnham，2010）。

认知能力的测量采用客观测量，而人格特质的测量通常采用主观量表。因此，许多学者对这些主观评价的有效性和准确性提出了质疑（Robinson，1984；Maderick，2013）。与客观测试相比，接受主观测试的人更容易制造错误答案或故意误导测试设计者（Gordon，1991）。然而，主观量表在某些方面优于客观测量。其一，主观量表可以考虑汇总数据，这些数据反映了被试者大多数时候的表现。其二，客观测试通常只评估单次能力，可能不准确。一些因素可以影响客观的表现测试分数，如焦虑、疲劳和疾病。这些因素可能会导致考生表现不佳，威胁到客观测试的有效性，但它们很少影响主观测试报告（Chamorro – Premuzic & A. Furnham，2010）。

当比较简历信息和人格问卷时，一些研究表明简历信息比人格问卷具有递增效度（Mount，2000）。其他研究者则认为，当预测到类似结果时，人格问卷比简历信息显示出了递增的有效性（McManus，1999）。关于人格特质在人才选择中的有效性的争论已经持续了几十年。人力资源专业人员倾向于将更多的权重分配给人格特质报告而不是能力测试，但由于测试结果存在主观作假的可能，他们会质疑主管量表的有效性（Chamorro-Premuzic & A. Furnham，2010）。其他研究人员认为，性格和工作结果之间的关系受到情境因素的影响。同样的人格特质可能在某些情况下是劣势，但在另一些情况下是优势（Chamorro – Premuzic & A. Furnham，2010）。

元分析证据表明，如果人格特征在正确的环境中得到准确评估，那么人格清单与工作结果之间存在显著关联。例如，霍夫等（Hough et al.，1990）通过对军事职业的测试，证实了人格特征是工作绩效的有效预测变量。巴里克和芒特（Barrick & Mount，1991）对1952~1988年发表的117项调查进行了关于五大人格特质和工作结果的元分析，发现责任心量表对工作绩效的预测能力，以及在特定背景下其他人格特质的有效性。泰特等（Tett et al.，1991）的结果印证了巴里克和芒特的许多研究结果。他们发现，验证性研究对人格特质对工作表现的预测能力比以往认为的有效性更高。人格测试值得在许多工作环境中使用，特别是因为它们所带来的价值超过了认知测试。哈克尔（Hakel，2013）发现，人格调查可以预测工作场所的标准，即人们有动机表现出社会期望的方式。当人格测试与认知测试结合使用时，可以提高标准相关效度，减少来自保护群体的不利影响。

除了这些常用的选拔方法外，还有其他类型的人员选拔措施。例如，工作样本测试通过模拟招聘前的工作环境来观察求职者的表现。案例研究和角色扮演是工作样本测试的典型方法，使雇主能够观察申请人在某些情况下的反应（Palmeri，2006）。许多企业还进行诚信测试。诚信测试的形式可以是直接设计的，也可以是间接设计的。例如，直接的问题要求坦承过去的偷窃行为或是否与有偷窃历史的人有联系。间接问题利用更多的个人特征，如社会从属性、情绪稳定性和责任心（Wanek，2003）。有证据表明，直接和间接的诚信测试都可以预测工作场所的盗窃和其他破坏性行为。

人才选择的新趋势和挑战包括劳动力市场供求关系的变化，求职者对劳动力市场的看法，组织中雇主和雇员之间的关系，以及技术发展和互联网的使用（Lievens，2002）。勒斯和罗伯逊（IIes & Roberson，2017）指出，招聘过程需要考虑求职者的心理过程，如自我效能感、自尊、对组织和企业文化的态度。信息技术革命以及互联网和人工智能的运用对人员选拔产生了巨大影响。近年来，许多人员选拔和招聘问卷都是通过计算机和互联网处理的（Buchanan & Smith，2009；Hertel et al.，2012；Potosky & Bobko，2014）。人工智能有助于创建和分析动态问卷和开放式问题，这是人员选拔发展的一大步（DeVault，2015；Hooper et al.，2018）。

人格分类与构建的五因素模型（FFM），包括外向性、亲和性、尽责性、神经质（调整性）和经验开放性（Wiggins & Trapnell，1997）。因子分析支持了 FFM 在不同理论框架、评估、评级来源和文化中的稳健性和泛化性（Hogan & Ones，1997b、Saucier & Goldberg，1998、Wiggins & Trapnell，1997）。该模型有助于总结信息、指导理论和研究（如 Mount & Barrick 1995；Tokar et al.，1998）。虽然 FFM 可以提供关于人格的高阶因子结构的信息，然而忽略了以其他方式对五大因素的变量的理解（Hough 1997，1998b；Hoff & Schneider，1996）。FFM 因子包含高效度和低效度两个方面，这可能影响了因子效度。一项综述研究得出结论，FFM 因素与工作绩效相关性不高（Matthews，1997）。作为替代方案，研究人员正在转向非层次模型，如环形模型（Plutchik & Conte，1997）和其他层次模型。霍夫（Hough，1998）提出了更精确的分类，将"成就"与"尽责性"和"外向性"区分开来，将"隶属性"与"外向性"区分开来。元分析证明了这些区别对于预测管理业绩（Hough et al.，1998）和销售业绩（Vinchur et al.，1998）的重要性。吉塞利（Ghiselli，1966）人格框架的中位未校正效度为 0.24，而在巴里克和芒特（Barrick & Mount，1991）研究中，一个 FFM 变量的最高平均未校正效度为 0.15。一些不属于 FFM 的重要人格构形被用来预测工作行为。

情绪因素由两个双极性维度组成，即消极—积极和唤起—未唤起（Averill，1997；Russell & Carroll，1999）。情绪的状态测量与工作绩效无关，但性格测量与工作绩效相关（Wright & Staw，1999）。在社会福利工作者中，消极情感与情绪耗竭或"倦怠"呈正相关，而情绪耗竭与工作绩效呈负相关（Wright & Cropanzano，1998）。社会能力是一个由社会洞察力、社会失调、社会适宜性、社会开放性、社会影响力、温暖性和外向性组成的复合变量（Schneider et al.，1996）。社会洞察力（Gough，1968）和同理心（Hogan，1968）的可靠自我报告测量有着悠久的历史，社会智力的情境判断测量（Moss et al.，1955）也是如此。社会能力下的变量可能会增加强调人际效能标准的预测效度。

研究发现作为 FFM 因素中的责任心能够有效预测组织和工作情况（Hogan & Ones 1997；Mount & Barrick 1995；Salgado，1997，1998），其他研究者则对这一结论持不同意见（Hough，1997；1998；Robertson & Calli-nan，1998），他们认为责任心是否或以什么方向预测绩效取决于标准的构建以及责任心的定义和操作方式。霍根和万斯（Hogan & Ones，1997）将责任心定义为从众和社会规定的冲动控制，责任心可能不会预测在创造力或创新方面的组织、工作或绩效表现（Hough，1998；Hough et al.，

1998）。

HEXACO 人格结构模型于 21 世纪初首次提出，并作为人格研究的组织框架得到越来越广泛的应用。该模型假设人格特征可以概括为六个维度：诚实—谦逊（H）、情绪性（E）、外向性（X）、亲和性（A）、尽责性（C）和开放性（O）（Ashton & Lee，2007）。其中使用最广泛的是 HEXACO 人格量表修订版（HEXACO-PI-R），这是一种自我或观察者的报告工具，有 200、100 和 60 个题项的版本（Ashton & Lee，2009；Lee & Ashton，2006），后两者在人格研究中被广泛应用。与五大人格模型（FFM）相似，HEXACO 模型起源于基于人格结构词汇方法的研究。在典型的基于词汇的人格结构研究中，研究人员编制了一份综合清单，列出了一种给定语言中常见的描述人格的形容词。由参与者提供的大量样本对形容词的自我或观察者评分，然后进行因子分析，以确定几个主要的维度，解释这些术语之间的大部分共变。这类研究已经在欧洲和亚洲的几种语言中进行，可以在多种语言中广泛复制（Ashton et al.，2004；De Raad et al.，2014）。HEXACO-PI-R 的内容在很大程度上是基于六个跨文化复制的词汇人格因素。

HEXACO-PI-R 的前身（HEXACO-PI）是由李和阿什顿（Lee & Ashton，2004）提出的，包括六个广泛的因素级比额表，每一个因素级比额表又包括四个方面级比额表。第 25 个层面的量表，即利他主义，因为其重要性（如人格词汇中相关词汇的大量表征所显示的）以及它在 HEXACO 因素的理论解释中所起的作用被添加进来。利他主义被划分为三个因素，即诚实—谦逊、情绪性和亲和性。对六种 HEXACO 人格因素的理论解释将其分为两个宽泛的概念组。首先，外向性、尽责性和经验开放性维度代表了三个不同努力领域的个体差异，即社会、工作和想法相关。诚实—谦逊、情绪性和亲和性维度代表了三种不同形式的利他倾向的个体差异。具体来说，诚实—谦逊代表了一种公平对待别人的倾向，即使一个人可以成功地利用他们，而亲和代表了一种对别人有耐心的倾向。在这种情况下，诚实—谦逊和亲和代表了两种形式的互惠利他倾向。情绪性被概念化，代表一种防止伤害自己和亲属的倾向，因此与亲属利他主义相关（Ashton & Lee，2007）。

后三个人格维度区分了 HEXACO 模型和 FFM 模型。具体来说，FFM 中的宜人性和情绪稳定性的方差被重新分配到这三个 HEXACO 维度中，这三个维度中也包含了大量 FFM 没有捕捉到的新方差。这一现象在李和阿什顿（Lee & Ashton，2013）对 NEO 五因素模型和 HEXACO – 60 的比较中得到了证明，其中每个 FFM 维度都由完整的 HEXACO 维度解释，反之亦然。结果表明，尽管所有的 FFM 维度都能被 HEXACO 维度充分解释，但 HEXACO 诚实—谦逊、情绪性和（较低程度）亲和性在 FFM 维度没有得到令人满意的解释。这些结果在跨源分析和同源分析中被验证，也在涉及两个版本的同源分析中被发现（Gaughan et al.，2012）。

许多此类研究调查了与诚实—谦逊、情绪性或亲和性维度相关的变量。这些变量包括内疚和羞耻倾向（Cohen et al.，2011），道德品质（Cohen et al.，2014），经济游戏情境中的利他行为（Hilbig et al.，2013），宗教性（Aghababaei et al.，2014；Saroglou et al.，2005），风险承担（Ashton et al.，2010；Weller & Thulin，2012），"黑暗三人格"特征（Lee et al.，2013），工作场所印象管理行为（Bourdage et al.，2015），原谅与报复行为（Lee & Ashton，2012），恐惧倾向（Ashton et al.，2008），分裂型（Winterstein et al.，2011），职业兴趣（McKay & Tokar，2014），政治态度（Chirumbolo & Leone，2010；Zettler et al.，2011），学术才能与表现（Noftle & Robins，2007）等。近年来，HEXACO 模型作为人格特征的组织框架被越来越多的研究者所采用。

（六）情境判断测试

传统的情景判断测试主要基于文本，通常在线完成，随后也迅速发展到利用多媒体方式进行（Weekley et al.，2015）。杰克逊等（Jackson et al.，2016）检验了在线情景判断测试的方差，其结果印证了使用情景判断测试测量多个构造时观察到的问题（Weekley et al.，2015）。阿瑟等（Arthur et al.，2014）报告了一份在线书面情景判断测试的特性，并观察回答格式影响构建效度，发现认知能力的相关性比个性更强，李克特评分反应与性格的相关性更强。

在情景判断测试中，通过视频展示详细的场景有一些潜在的优势，例如，更积极的申请人反应（Patterson et al.，2012）。将情景判断测试移动到数字多媒体格式也可能对被测量的样本产生影响。例如，利文斯和萨克特（Lievens & Sackett，2006）研究指出，通过比较以书面形式呈现和以视频形式呈现的相同情景判断测试，基于视频方式测试的结果与认知能力的相关性较低，并且更能预测人际关系标准。对视频和文本反应方式的选择会影响情景判断测试的有效性和认知度。在对警察培训生进行的一项实地研究中，利文斯等（Lievens et al.，2015）比较了相同多媒体情景判断测试的两种不同回应模式，分别是基于行为视频的回应（通过记录申请人的回应）和书面回应（候选人写下他们的答案并在网上提交）。他们发现，只有视频记录的回应方式是工作表现的一个重要预测因素。

数字媒介访谈是另一种数字化面试形式。在基本层面上，面试可以通过视频会议进行调解（Levashina et al.，2014）。然而，最近数字化采访的发展已经背离了人际交流，这是早期采访的典型特征。这些包括"按需"面试，通常在选拔过程的最初阶段，面试者记录他们对一套标准问题的回答，然后由评价者或计算机通过人工智能进行评估（Guchait et al.，2014）。兰格等（Langer et al.，2017）比较了视频会议面试和数字面试的面试评分，报告称后者的评分通常更高。这可能是因为在记录答案之前，受访者有额外的准备时间。戈尔曼等（Gorman et al.，2018）在一项基于实验室的研究中也对数字访谈的评级进行了评估，其研究结果显示较好的评级内部一致性。然而，基于人工智能的访谈还没有在已发表的构效度研究中进行检验，这可能反映了它们的相对新颖性和驱动它们的技术的专有性质。然而，赫列维和蒙太奇等（HireVue & Montage et al.，2019）人力资源技术提供商已经开始广泛应用这类技术。他们所采用的一些技术已经在文献中进行了评估，表明人们对语言的使用已经能够区分一些个性特征，这可能是对选择评估有用的构念。基于人工智能的面试评估还可能试图在数字面试中衡量应聘者更广泛的属性指标，如面部表情、两次回答之间的时间、体温变化、语速等。例如，这些指标可以被理论化来表示情感风格或敏感性。获取这些指标和其他指标的目的可能是开发从多种不同指标预测作业性能潜力的算法。筛选面试的下一阶段数字化在评估其有效性方面提出了新的挑战。然而，求职者对数字面试的反应的研究提供了一些令人担忧的问题。一些研究表明，求职者认为视频会议面试不如面对面面试公平和有利，提供的表现机会更少，与面对面面试相比，更难以调节和理解对话（Chapman et al.，2003；Sears et al.，2013）。这些发现表明，当选拔过程需要人际互动时，例如，在面试的情况下，使用互联网作为媒介可能会阻碍身体语言或一些口头和非口头线索的传递。

对数字面试的研究表明，与视频会议面试相比，求职者认为数字面试"更恐怖、更不个性化"，引发了更多的隐私担忧，导致了更低的公平感知，以及更低的可控性和社交存在感（Langer et al.，2017），申请人的个性调节了他们的反应（Brenner et al.，2016；Hiemstra et al.，2019）。与这些研究结果相反，苏恩等（Suen et al.，2019）发现，使用人工智能或人工评分器和同步视频面试的求职者在公平感上没有差异，尽管他们对数字面试的好感度较低。这些结果表明，申请人认为计算机和人工智能决策同样值得人类信任，因此不影响他们的公平感知（Ötting & Maier，2018）。然而，随着人们越来越习惯使用数字媒体进行互动，这些发现可能很快就会面临新的挑战。

另一种面试以游戏化评估或严肃游戏为中心。游戏化是指在非游戏环境中使用游戏元素（Deterding et al.，2014；Armstrong et al.，2016）。在评估的背景下，游戏可以以两种方式使用。第一种是使用游戏作为独立评估，第二种是加强现有的评估，如情景判断测试或带有游戏元素的个性问卷（Nikolaou et al.，2019；Armstrong et al.，2016；Chamorro-Premuzic et al.，2016）。在选择过程中使用游戏元素可能会减少作假，因为在玩游戏时，可取的行为可能不那么明显，因此能够提高关于申请人的信息质量和对工作表现的预测（Armstrong et al.，2016）。通过使用移动或计算设备，应聘者将置身于一个游戏化的环境或虚拟世界中。虚拟世界可能类似于真实的工作环境，虚拟形象可能代表员工，目的是在类似于工作环境中引出与工作相关的行为（Laumer，Eckhardt & Weitzel，2012）。另外，虚拟世界或游戏化评估不一定要呈现真实的工作场景，以进一步减少作假的可能性和社交吸引力。此外，在选择过程中使用游戏元素可能会提高趣味性、透明度、挑战性和互动性。游戏使玩家能够相互互动和竞争（Tippins，2015），在团队游戏或在个人评估中单独行动。游戏元素也可以应用于心理测试，例如，情景判断测试，以有效地评估候选人的软技能。尽管游戏化评估在实践中的使用引起了许多讨论，但在IWO（invasive weed optimization）同行评审的心理学文献中，关于游戏化评估的构建效度和申请人对它们的反应的文献仍然很少。只有乔治乌等（Georgiou et al.，2019）最近的一项研究检查了用于评估申请人软技能的新游戏化情景判断测试的结构效度，并发现了对游戏化情景判断测试的结构效度的初步支持。这一发现表明，在评估方法中添加游戏元素（例如，叙述和视觉/画外音、角色和反馈），并将其转换为在线格式，这将是未来研究的有效途径。

（七）社会媒体信息

社会媒体可能被组织用来推断候选人的知识、技能、能力和其他特征。雇主和专业招聘人员可以利用大数据提供的许多新途径，比如申请人的"数字足迹"。其中包括，专业方向的个人资料，如领英（linkedIn）；非专业方向的个人资料，如推特（twitter）和脸书（facebook），作为潜在的信息来源。将社交媒体用于甄选评估的目的通常通过道德和隐私问题的视角进行审查（Brown & Vaughn，2011；Stotton et al.，2015）。许多组织通过搜索社交媒体协助招聘决策，这一现象表明，大多数人预料雇主检查他们的社会媒体资料。然而，也有一些研究建议谨慎使用此类信息，并提出了其真实性、有效性、个人信息的使用、合规程序和其他相关问题（McCarthy et al.，2017；Ployhart et al.，2017）。从建构性评估的角度来看，组织中的选择实践者可能会使用社交网络中配置信息内容进行主观推断或分析得出与工作相关的特征。构建社交媒体使用的有效性证据取决于数字数据的评估方式。在基本层面上，社交媒体可能由人类评估人员进行评估。范艾德金拉尼维奇等（Van Iddekinge Lanivich et al.，2016）研究发现，招聘人员对社交媒体档案的评级与主管对工作表现的评级之间没有相关性。阿瓜多等（Aguado et al.，2019）采用了不同的方法，对一组 ICT 员工样本的领英个人资料的特征进行了编码（例如，以前的工作职位的数量、经验描述的时间跨度、参与的团体数量或列出的慈善事业），并对得到的编码数据进行探索性因子分析，确定了四个因素：专业经验的广度、社会资本、对知识更新的兴趣和非专业信息的广度。他们指出这些因素可以预测生产率和工作成果。例如，社会资本与初级 ICT 员工的生产力相关，而非专业信息的广度与高级员工的缺勤相关。

为甄选目的而使用情景判断测试可能会对申请人的反应产生负面影响（Madera，2012），然而，这在不同年龄群体之间的结果可能存在差异。尼古拉乌（Nikolaou，2014）最近的一项研究表明，求职者使用求职网站的范围仍然比社交网络更广，特别是年轻求职者更倾向于使用非专业的社交网络（如 facebook），而年长和男性求职者更倾向于使用专业的社交网络（如 linkedIn）。然而，申请者不太可能在社交网络上发表不当言论，特别是如果他们知道很多组织正在使用发布在社交网络上的信息作为评估和选择的一部分（Roulin，2014）。申请者也更有可能在社交媒体中使用印象管理策略，以增加他们获得理想工作的机会，这也可能威胁到使用社交网络作为选择工具的有效性（Roulin & Levashina，2016）。关于社交网络印象管理的证据表明，招聘人员在甄选评估和工作适合性方面所做的任何评估的准确性都令人担忧。此外，在性别、年龄和少数群体中，对样本评级的不利影响可能会带来潜在的偏见问题。范艾登金格等（Van Iddenkinge et al. , 2016）最近的一项研究表明，女性获得了比男性更高的评级，少数人在总体适宜性方面获得了较低的评级。

（八）数字化人员选拔

数字经济的快速发展导致了一系列创新技术方法的出现，以助于人事选择决策（McCarthy et al. , 2017；Nikoloau, 2014）。这一进步使得这些方法越来越偏离传统的选择方法，要求工业、工作和组织（IWO）心理学家为其应用建立一系列基础。然而，与以往选择方法不同，技术选择程序受到快速创新和发展的影响，可能会在理论和实践之间形成更大的差距。

随着基于技术的新方法或现有方法的数字化的出现，技术对员工选择的影响已经非常显著。需求方的技术和应用的发展尤其迅速。在过去的十年中，数字化人员选拔（DSP）在组织中的运用越来越广泛。数字化人员选拔被定义为任何利用数字通信技术（即计算机、互联网或移动设备）在招聘和选拔过程中协助组织的程序。关于数字化人员选拔开发和应用的文献趋势集中在组织和人力资源的五种主要应用类型，包括在线应用、心理测试、数字面试、游戏化评估以及使用社交媒体作为评估数据来源。在IWO心理学中，选择方法倾向于从两个角度来评估，即有效性和申请人的反应（Moscoso et al. , 2017）。

网上申请是一种标准化的在线申请方式，申请人需要提供个人信息以及与申请工作相关的信息。使用在线申请来筛选申请人，通过缩短招聘周期提高了效率，导致选择成本的显著降低，同时扩大了申请人库（Bauer et al. , 2016）。网上申请也被证明在确保工作申请处理得客观和减少保护团体的潜在不利影响方面更有效（Konradt et al. , 2013）。然而，同行评议的文献很少揭示在线申请的有效性。与非数字应用程序一样，收集的数据通常是陈述性的，而不是构建驱动的。因此，这些数据不适合基于结构的评分或验证。网上申请往往是求职者对企业及其人力资源管理的第一印象，突出了求职者对员工选拔过程的反应的重要性。申请人的认知与申请人的组织吸引力、行为、离职决定以及对雇主和组织的态度有关（Konradt et al.，2013；Truxillo et al.，2018）。早期研究突出了申请者对网上申请的积极看法（Bauer et al.，2006；Livens & Harris，2003）。过去十年的研究表明，申请人的特征决定了对在线申请的看法，包括申请人的年龄、互联网知识和曝光（Sinar et al.，2003），以及个人组织适合度（Braddy et al.，2009；Dineen et al.，2007；Pfieffelmann et al.，2010）。

此外，一些组织在其在线申请系统中加入了人工智能（AI），由系统来选择最合格的申请人。这可以为申请人提供及时的自动反馈，为组织节省时间和成本。最近在公立学校教师职位申请者中进行的研究表明（Sajjadiani et al.，2019），人工智能可用于扫描在线求职申请信息，并评估相关候选人的工作经验、终身教职历史、自愿和非自愿离职，以及工作相关历史，并将其转化为绩效和工作成果的预测指标。万埃施等（Van Esch et al.，2019）发现，申请人对在线申请过程中使用人工智能的态度对他们完成申请的概率有积极影响。

在选材过程中采用数字技术具有明显的优势。这些技术使选拔过程更快、更容易，有时更生动和有趣，同时通过减少距离、成本和时间的障碍来扩大申请人的数量。然而，对工业、工作和组织心理学的证据基础的回顾强调了对其有效性的科学理解的局限性。选择评估的越来越多的数字方法的使用提出了一个问题，即测量从传统技术到数字技术的转移可能会影响有效性。随着数字评估形式进一步背离传统技术，问题变得更加复杂。例如，在网上而不是在纸上进行心理测试可能只是代表对材料的演示性适应。在更复杂的层面上，数字考试形式可以通过从题库中选择题型或应用题型反应理论来组成个别特定题型的组合来适应考试内容。更复杂的是，围绕着游戏化评估或使用算法读取数字数据等全新测量形式的有效性问题。除了构形效度问题之外，目前文献中关于数字化人员选拔效度的最重要的空白是构形效度问题，即缺乏同行评议的已发表的标准效度研究（Van Idenkinnge et al.，2016；Nikolaou et al.，2019）。过去 20 年来，人力资源领域的心理学家和其他从业者已经有了坚实的研究基础，据此做出了基于证据的选择方法决策。例如，施密特和亨特（Schmidt & Hunter，1998）的元分析明确地列出了不同选择方法的比较准则有效性。数字革命引入了大量的新技术和方法，这些技术和方法的预测性能与工作绩效和其他标准几乎没有数据。在组织中对这些方法的吸收速度有风险，使选择中标准有效性的传统证据基础越来越不相关。

同时，研究在很大程度上忽略了对数字化人员选拔的负面影响问题，只有万等（Van et al.，2016）的研究报告了基于社交媒体的应聘者评级的亚组差异分析。利文斯等（Lievens et al.，2015）在对比反应模式时也发现了使用视频 SJTs 的性别亚组差异，男性候选人在视频行为反应模式中表现优于女性候选人，而在书面反应模式中没有这样的结果。另外，最近的一项研究（Suen et al.，2019）显示，在数字（异步）和视频会议（同步）面试中，第一印象和外貌都会影响面试官的评分，然而，数字面试减少了人类打分者的这种影响，这表明数字化可以帮助我们减少偏见问题。

然而，这些研究中证据的相关性仅限于由评价者进行的评估。此外，数字化人员选拔的使用还提出了一个重要问题，即可能被用于抓取网络数据或评估在线申请和数字面试的算法可能存在偏见。其他领域的研究表明数字算法可能存在偏见（Lambrecht & Tucker，2019），说明了对数字算法对社会影响的广泛关注的有效性（Courtland，2018）。有人认为，数字化人员选拔可能会以某种方式消除人类打分者选择中的偏见（Kleinberg et al.，2018），但这种看法忽视了算法可能只是复制社会中已经存在的偏见。

另一个具有挑战性的问题是数字化人员选拔中的信息隐私，这可能会对申请人对数字化人员选拔的反应产生负面影响，从而对招聘组织产生负面影响。事实上，在在线筛选的背景下，鲍尔等（Bauer et al.，2006）发现，具有较高隐私担忧的申请人他们的司法观念较低，这反过来影响了他们的意图和对组织的吸引力。特别是在数字化人员选拔时代，申请人可能会觉得组织在使用来自社交网络的信息时侵犯了他们的信息隐私（Black et al.，2015）。随着数字化人员选拔的使用增加，许多人更担心在甄选过程中，他们在网上提交的个人和就业相关信息可能被滥用。当然，这也可能包括通过数据盗窃、数字安全漏洞或黑客攻击，非法访问组织持有的个人数据。由于一些组织已经开始在社交网络上使用候选人信息，申请人可能会认为这侵犯了他们的隐私。事实上，斯托顿等（Stoughton et al.，2015）在实验室环境中使用了现实的选择情景来检验被试者的反应。参与者被告知，招聘组织对他们的社交媒体进行了评估，以评估他们的专业水平。他们发现，筛选使申请人感到他们的隐私受到了侵犯，从而增加了诉讼的意愿，降低了组织的吸引力。最近一份针对美国私营部门2380名不同行业和企业规模的招聘经理和人力资源专业人士的全国调查报告（Career Builder，2017）显示，70%的美国组织正在使用社交媒体来筛选求职者。相比2016年的60%和2006年的11%，57%的受访者不太可能面试不在网上的候选人，54%的人基于社交媒体上的信息拒绝了一些申请人。一些组织甚至会要求申请人在面试时提供他们的Facebook登录信息，以进行社交媒体背景调查（Barnett，2012）。

其他组织正在聘请专门的企业，通过收集所有公开的在线内容，使用人工智能来筛选求职者的特征（FAMA，2018）。他们认为这是合法的，可以在不侵犯申请人个人自由的情况下，减少工作场所性骚扰、偏见、暴力和其他类型风险的发生率（FAMA，2018b；社会智力，2018）。然而，使用人工智能来筛选和评估申请人，会带来很多问题，比如在少数群体中可能存在的偏见和歧视问题，可能引发申请人在未经同意使用私人信息时的隐私担忧，并最终导致法律和伦理上的挑战（Drouin et al.，2015；

Roth et al.，2016；Van Iddekinge et al.，2016）。事实上，贝克顿等（Becton et al.，2019）最近的一项研究表明，使用申请人的非专业私人信息会对申请人的招聘评级产生负面影响。这对这些信息的有效性、工作相关性和可靠性提出了质疑，并进一步引发了对公平和隐私的担忧（Brown & Vaughn，2011；Clark & Roberts，2010）。

为了应对这些以及其他问题，一些国家和地区制定了新的隐私法。例如，欧盟介绍了通用数据保护监管（GDPR）在2018年5月的一组数据保护规则，就是在欧盟运营的所有组织，为个人提供更多地保护和监管他们的个人数据，重塑企业的数据隐私方式（欧盟GDPR，2018）。关于使用申请者的个人信息方面也存在不同的观点。对一些国家来说，在社交媒体中使用申请人的信息作为应聘流程的一部分是非法的，并认为这是对隐私的侵犯（例如，德国：Leggatt，2010；美国：Stinson，2014），而在其他国家则不存在这个问题（如沙特阿拉伯：Anderson et al.，2012；Ahmad et al.，2014）。这个问题还引发了媒体的注意，雇主在使用数字化人员选拔时应该考虑这些问题，以避免道德和法律影响。

另一个与申请人对数字化人员选拔反应有关的问题是，申请人对新程序的熟悉程度。这在较为新颖的数字化人员选拔中可能更为突出，如数字访谈和游戏化评估。例如，金等（King et al.，2015）的一项研究表明，与相同测试的移动版本相比，申请人对个人电脑互联网测试有更积极的看法（即测试易用性），因为对其较为熟悉。此外，申请人的年龄和经历更有可能影响他们的反应和测试表现。在某些职业中，这一点也可能更加突出，因为数字化人员选拔与工作的相关性可能不那么大。例如，面对面的面试在医学或学术选择中至关重要，以评估候选人的适用性，因为沟通、演示和人际交往技能对于这些职位很重要，不能轻易用数字面试替代（Zibarras et al.，2018）。然而，工程、技术和游戏行业可以轻松地用数字和游戏化格式取代传统测试，因为技术经验是工作的重要组成部分，可能会获得积极的反应，并改善组织的形象。另外，由于全球数字鸿沟和最新技术暴露在不同国家的差异，特别是在发展中国家，申请人的熟悉程度可能是一个主要问题（Ahmed et al.，2018），这会对申请人对数字化人员选拔的反应产生负面影响，使高质量的申请人不愿申请。

过去，数字评估结构效度的实证研究从建立非数字方法的测量等价性的角度考虑了这个问题（Anderson，2003；Breaugh & Stake，2000；Ploy-hart et al.，2003；Potosky & Bobko，2004；Salgado & Moscoso，2003；Templer & Lange，2008）。例如，在某种程度上，心理测试证明了测量等效性，那么就可以从非数字方法中获得一些泛化的发现（Schmidt et al.，2016）。然而，这并不是初级研究可接受的长期替代方法，也不是数字化人员选拔有效性的证据基础。相反，IWO 的心理学家需要超越将数字化人员选拔视为非数字方法的数字等量物，而将其视为本身的技术。然而，这种比较可能是数字评估测量值的一个有缺陷的指标。首先，假定以纸笔管理的评估形式必然保持有效，部分反映了其管理的标准化。然而，一个关键的变量是受访者自身。对于那些更习惯与数字媒体而不是纸质媒体互动的人来说，传统笔试评估可能会破坏非数字格式的特性。实际上，数字演示在心理测量方面可能更胜一筹。其次，在寻求测量等效性时，没有检查评估的数字表示是否增加了增量准则有效性。也就是说，差异可能反映了捕获的额外信息，而非不准确性或错误。测量等效性研究的这些应用问题的解决方案是在其本身范围内接近数字评估的构建验证，而不是对非数字格式进行基准测试（Aguado et al.，2019；Gorman et al.，2018；Arthur et al.，2014）。分析对象可能是对从各种方式中（如游戏中的回答、语言的使用、采访中的微表情等）获取的数字数据，而不是测试题项。这些数字数据甚至可能更直接地反映了绩效结构（例如，生产力或网络的在线证据；在模拟工作环境中的表现）。总之，研究必须表明评估的内容是什么，而不是检查可能没有测量的样本。基于这一想法，在理解数字评估中的结构效度时，研究应该寻求理解在多特征多方法（MTMM）中构建测量的位置。在传统的 MTMM 范式中，与工作相关的结构建立在测量"是什么"

的问题，以及解决"如何做"的问题（Ployhart，2006；Woods & West，2019）。数字方法代表了对选择实践者感兴趣的构念进行评估的替代方法。因此，这些构念效度可以从其贡献而不是与其他方法的功能对等的角度来看待。对其他评估方法的分析以人格特征测量为例，如通过调查收集的评分中自我—他人一致性，类似于数字/非数字方法（如自我报告和游戏化评估）。在前一种情况下（一种是自我知觉的，另一种是基于观察的），测量的结构效度指标包括在合理程度上的收敛。后者也可以建立同样的证据基础。人格测量尤为相关，其评分与工作表现能够提高标准有效性（Oh et al.，2011）。在选择过程中，将数字化人员选拔作为整体测量策略的一部分，也可能会有同样的争论。研究人员和实践者面临的一个挑战是理解它们如何增强而不是取代现有的技术。

二、人员选拔标准

竞争人才的企业必须强调选择组织成员的重要性。人员选拔的决策对组织的战略成功和竞争力有着至关重要的影响。人员选拔的首要任务是筛选岗位候选人，了解他们真正的能力、价值观和个性，以及识别最适合满足工作要求的员工的具体特征（Cooper，1995）。寻找最匹配的人才和实现员工的契合度，比选择所谓的最有能力的人才和在社会期望人格方面得分最高的人更重要。

招聘人员需要考虑工作分类和任务类别来选择最匹配的候选人填补特定的岗位空缺。人力资源规划过程包括多个步骤。第一步是预测，预测未来各类人才的供求情况。第二步是目标设定和战略规划，设定具体的量化目标有助于为"确定任何旨在解决劳动力短缺或过剩的计划"提供标准（Hollenbeck et al.，1997）。这一步是至关重要的，因为可供计划人员选拔的许多选项在费用、速度、有效性、人员数量以及是否容易更改等方面存在很大差异。第三步是方案的实施和评估，项目实施意味着确保组织中有特定的人才来实现目标。最后一步是对结果的评估。

人员选拔是组织决定哪些职位候选人可为组织工作的过程。人员选拔程序由几个通用标准组成，例如，可靠性（"绩效衡量的一致性；绩效评估不存在随机误差的程度"），有效性（"绩效评估评估工作绩效所有相关方面的程度"），概括性（"在一种情况下建立的选择方法的有效性延伸到其他情况的程度"），效用（"选择方法提供的信息在多大程度上提高了实际组织中选择人员的有效性"）和合法性（"所有的选择方法都应该符合现有的法律和现有的法律先例"）（Hollenbeck et al.，1997）。招聘者更感兴趣的是申请人的人口统计特征（如年龄、性别、教育水平、收入水平、婚姻状况、职业、宗教、平均家庭规模和平均结婚年龄）、个性、技能和能力（Hollenbeck et al.，2017；Rynes，2009）。

第二节 工作结果的相关研究

一、工作绩效

博尔曼和摩托维德罗（Borman & Motowidlo，2003）确定了两种类型的员工行为是实现组织绩效所必需的，即任务绩效和情境绩效。任务绩效被定义为工作人员执行有助于组织技术核心的活动的有效性，是指直接参与生产商品或服务的行为，或为组织的核心技术过程提供间接支持的活动（Borman & Motowidlo，1997；Werner，2010）。这些行为与正式的组织奖励系统直接相关。情境绩效被定义为不是正式要求作为工作的一部分，但有助于塑造组织的社会和心理环境的绩效，是与主要任务功能没有直接联系的行为。这些行为也是同样重要的，因为它们塑造了组织、社会和心理环境，作为任务活动和过程的关键催化剂（Werner，2010）。情境绩效进一步被划分为两个方面，即人际促进和工作奉献。人际促进包括"有助于同事绩效的合作、体贴和帮助行为"。工作奉献包括"自我约束，激励行为，如努力工作，采取主动，并遵循规则支持组织目标"（Van Scott & Motowidlo，2016）。情境绩效与组织绩效紧密相关，如组织公民行为（Bateman & Organ，1983；Smith et al.，1983）、亲社会组织行为（Brief & Motowidlo，1986）和角色外绩效（Van Dyne et al.，1995）对组织绩效有贡献。

在组织心理学领域，个体工作绩效是一个中心概念（Sonnentag & Frese，2012）。尽管它在大多数涉及人力资源的决策中具有基本的重要性，但仍然没有关于工作绩效的全面理论（Campbell，1990；Deadrick & Gardner，2018）。在 20 世纪 70 年代中期，研究人员开始探索和拓宽工作绩效的概念（Campbell，1990），其进展主要集中在与个人绩效相关的预测因素和过程的规范（Sonnentag & Frese，2012）。工作绩效可以定义为员工在工作中所展示的所有行为。个人工作绩效是职业环境研究的相关结果变量，它指的是员工在工作中的表现。具体工作任务熟练度、与工作核心任务相关的行为、对核心任务的承诺水平以及一般工作行为等方面都成为影响工作绩效的重要因素。

目前有大量涉及工作绩效的研究文献，这一概念被认为是组织心理学中涉及人力资源管理和组织行为研究的一个关键维度（Bendassolli，2012；Sonnentag & Frese，2002）。很多研究中出现了使用计量经济指标来衡量工作业绩的情况（Bendassolli，2012；Sonnentag & Frese，2002）。也许对绩效概念高度关注的主要原因在于该构念的多维性（Bates，1999）。该领域学者的共识是，无论提出哪个绩效概念，都有必要澄清它是指行为方面还是结果—目标方面的绩效（Campbell，1990；Sonnentag & Frese，2012）。行为方面是指个体在工作情境中所做的事情，而结果方面是指个体行为的结果或结果。重要的是，绩效结果方面取决于个人行为之外的其他因素，通常只有与组织目标相关的行动才被视为绩效（Sonnentag & Frese，

2012）。

因此，绩效被认为是一个多维概念，由个体、上下文（或情境）和控制变量组成（Sonnentag & Frese，2012；Coelho et al.，2010；DeNisi，2015）。一些因素会影响绩效，绩效测量不应该只考虑个人特征（例如，动机和工作满意度），还要考虑任务特征（个人完成任务所需的知识和专业技能的程度）和工作环境会影响个人水平上的绩效（Coelho Jr.，2019）。所内泰格和弗雷泽（Sonnentag & Frese，2012）强调，当作为一个因变量进行研究时，绩效通常通过背景变量的个人方法来进行研究。兰穆和朔布洛克（Lam & Schaubroek，1999）认为组织关注的是基于对个人认知来提高个人的绩效，而不是工作环境及其对办公室设计的影响等因素。因此，根据戴德里克和加德纳（Deadrick &Gardner，2018）以及本达索利（Bendassolli，2012）的观点，绩效是指个体具有有意识的目的或事先动机的、以结果为导向的有意行为。因此，工作绩效还可能受到诸如社会、文化或人口状况以及工作条件等因素的影响。工作绩效还会受到多种不同性质的因素（组织特征、工作环境和员工特征）的影响。坎贝尔（Campbell，1990）认为，绩效是指行为本身，而不仅仅是行为的结果。阿维和墨菲（Arvey & Murphy，1998）在概念定义中强调了工作环境中个体因素和情境因素的重要性。然而，绩效可以根据工作的性质来定义，它取决于个人适应不断变化的职业的能力。库普曼斯等（Koopmans et al.，2011）在研究中对个体工作绩效维度进行概念分组的基础上，确定了四个主要维度：（1）任务执行，（2）情境绩效，（3）反生产行为，（4）适应性绩效。柯艾（Coelho Jr.，2019）强调绩效与实现组织目标相关的行动密切相关，个体表达的行为并非都能转化为绩效。

个体工作绩效是指员工为满足组织目标而执行的行为。个人绩效也不同于团体和组织绩效。然而，一些研究表明，某些类型的个人绩效可以在超越个人水平的分析单元中贡献绩效结果，如群体和组织绩效（Parker & Turner，2012）。绩效包括在工作环境中实施职责或任务时应用的技能和专业知识，或个人在效率和绩效方面的行为方式，最终实现组织的结果。它指的是个体在其结果的指导下进行的一种深思熟虑的行为，即具有有意识的目的或事先动机的行动（Sonnentag & Frese，2012）。

工作绩效本质上是一个人在完成任务时的行为，但哪些行为是重要的绩效组成部分并不总是明确的。绩效理论是指导我们克服这种复杂性的宝贵资源，提供了对性能的关键组成部分的描述，以产生纠正性反馈。一般的个人绩效理论有三个决定因素：陈述性知识、程序性知识和技能。而个人表现是由学习者的技能水平决定的（Weissmuller，2019）。从多维的角度来看，工作绩效应该从行为而不是结果的角度来定义，只包括那些与组织目标相关的行为。情境变量，如宏观指标的结果或有效性，也通常与绩效有关。大多数研究已经将重点转移到用结果和行为来定义工作绩效，这些也倾向于定量研究设计，而不是定性测量。值得注意的是，相对于绩效衡量，人们更倾向于客观衡量。这种情况可能与组织行为测量潜在变量的巨大挑战有关。

能力的第一个模型被称为坎贝尔模型（Bucur，2013）。胜任力的概念通常用来定义个人能力、技能、行为和知识的整体，以在特定的工作环境中有效地表现为导向。阿姆斯特朗（Armstrong，2012）描述了企业实现高绩效所需的行为维度，强调个人的表现以及企业的表现和成功取决于个人的能力（Savanevičienė et al.，2018）。在为未来工作生活做准备的学生中，特定行业或企业对工作要求能力的影响也不容置疑（Duda & Kotrba，2006）。胜任力分为硬胜任力和软胜任力。硬胜任力即专业能力，是由组织绩效决定的。软胜任力被定义为员工的个人特征和行为，是良好的工作表现所必需的，可以是专业的、社会的或概念的。商业案例研究已经证明了与能力相关的诸多好处，如减少培训成本、减少员工流失率或提高员工生产力，从而提高业绩（Homer，2011）。胜任力方法有潜力超越其他绩效预测方法的原因包括：首先，它侧重于行为；其次，它关注管理者的行为和他们真正做的事；再次，它遵循帕累托原则（即80/20规则），然后集中于必要的活动，导致组织的成功；最后，它不仅与个人的效率有关，而且与整个部门或组织的效率相关（Kubeš et al.，2004；Lišková & Tomšík，2013）。另外，一些学者并不认可胜任力预测方法，因为它倾向于关注现在或过去（Iles，2011；Robinson et al.，2017）。萨瓦内维切恩（Savanevičienė et al.，2018）描述了有助于发展战略能力和未来能力的方法，其中不仅要面向当前对个人能力的要求，而且要预见哪些能力将决定未来的成功，即战略能力。

员工的绩效关乎企业的战略目标，而企业的战略目标又取决于员工个体。最著名的是平衡记分卡（BSC）（Kaplan & Norton，2010），它区分了四个维度的变量，即财务维度、客户维度、内部流程维度和学习与成长维度。学习和成长的前景集中在维持长期增长和改善所需的基础设施上，它包括基本资源，如人员、系统和程序等。学习与成长的维度基于员工的能力、忠诚度和满意度、培训和技能。米歇利等（Micheli et al.，2013）建议在评估中包括非财务绩效指标，因为它可以产生积极的心理体验，从而心理赋权，并间接提高绩效。绩效评估系统的影响取决于采用何种方式进行评估。如果方式选择有误，不仅无效，而且有可能会影响组织的健康发展（Mari，2013）。

绩效测量的研究往往集中在测量工具和测量程序，绩效可以提高组织的效率和管理有效性（Franco-Santos et al.，2018）。在绩效评估期间，组织会指定新的目标，更新工作描述。在评估能力的过程中，被评估的员工会得到关于所需的能力及其需要达到水平的具体信息。双方同意如何发展特定的能力以及应该达到哪个水平，由此构成了制定个人发展计划（IDP）的基础。詹妮（Jenny，2018）关注知识和知识管理，他认为拥有知识管理能力的企业将更有效地利用资源，从而更具有创新性，表现得更好。王和王（Wang & Wang，2012）认为，显性知识共享对创新速度和财务绩效的影响更为显著，而隐性知识共享对创新质量和经营绩效的影响更为显著。显性知识是高度可编码的，往往是明确的、无可争辩的和可观察的（Turner & Makhija，2016）。莱特马瑟等（Letmathe et al.，2012）通过两个实验研究表明，显性知识转移优于其他形式的知识转移。知识共享也与组织结构有关，组织越扁平，共享的速度越快。而隐性知识不能直接表达，它必须从行动中推断出来，是从经验中学习的产物，会影响在现实环境中的表现（Forsythe et al.，2018）。隐性知识具有独特性、不可替代性、不可完全模仿性和可移动性，可以成为竞争优势的来源（Chang & Chuang，2011）。

评估是一种工具，它可以帮助员工产生归属感、满意度和组织知识的扩充，员工的能力得到充分利用（Patll et al.，2014）。厄尔班（Urban，2013）将评估视为激励、领导和发展员工的工具。评估面试是最常见的正式评估形式，是评估双方工作表现的机会（Jar & Templar，2016），其中心主题应该是结果、发展和关系（Plamínek，2019）。多源反馈（MSF），即来自更多来源（上级、下级、供应商、客户、自我评价）的评价是另一种评价工具，可以提供分类和集中的信息。然而赫罗尼克（Hroník，2016）认为，多源反馈不能取代个人评估。相反，科茨（Coates，2016）支持通过多源反馈进行评估，认为许多管理者无法提供足够的评估，只依靠单一上级的评估本身存在问题。尼尔森和坎贝尔（Nilsen & Campbell，2013）发现自我评价和其他评价者的评价之间的差异是恒定的，经验丰富的观察者的评价比自我评价更有效和准确。提卡（Tichá，2015）鼓励员工做客观的自我评估，随着员工能够看到真实的自己，员工调节学习和不断改进工作的能力也在提高。多源反馈MSF、自我评估或上级评估，既可以是对绩效的评估，也可以是对能力的评估。由此可见，除了离职和离职意向，工作绩效是影响工作结果的另一个重要因素。人力资源专业人员的关键任务不是调查人才的价值，而是发掘哪些人才的绩效变化能够产生最大的战略影响（Cascio & Boudreau，2011）。

工作场所的绩效包括两个方面——作为行为的绩效和作为结果的绩效。员工的工作绩效包括不同的工作行为。雇主关心的是这些行为的执行情况。从管理者的角度来看，工作绩效由结果组成（Cardy，2011）。行为标准和结果标准对于绩效测量都有优点和缺点。例如，行为标准为如何最大化绩效提供了清晰的指标，并为员工提供了直接的反馈。但制定标准的成本可能很高，因为员工的行为往往是具体的，难以衡量（Anderson & Oliver，1987）。另外，参与所有正确的行为可能不能产生预期的结果。另一方面，结果标准可以容易和客观地衡量，并提高生产力和组织的底线性能。然而，它可能不在员工的控制之下，或者无法向员工提供直接的反馈（Cardy，2017）。因此，结合这两种方法的模型具有更好的有效性。

绩效评估也取决于不同工作的特点。由于各种原因，不同工作对绩效的衡量也不同。工作的性质决定了工作权限和工作表现的可变性。影响绩效测量的另一个因素是绩效变化对组织的相对价值。绩效变化对组织的战略成功至关重要，但在不同的组织中是有差异的。例如，制药企业研发新药的研发人员的绩效差异对企业的竞争力至关重要。然而，快递员的绩效变化就不那么重要了，因为其工作复杂度远低于研发类工作。五种绩效测量标准被广泛使用：策略的一致性、有效性、可靠性、可接受性和特异性（Hollenbeck et al.，2017）。策略的一致性是"绩效管理系统激发与组织战略、目标和文化相一致的工作绩效的程度"（Hollenbeck et al.，2007），它强调员工对组织战略成功的贡献的重要性。有效性是指绩效量表评估绩效的所有相关方面的程度。可靠性涉及性能度量的一致性。可接受性是指"一项绩效措施被使用者认为是令人满意或足够的程度"（Hollenbeck et al.，2007）。特异性是指"绩效衡量在多大程度上为员工提供了详细的指导，让他们知道对他们的期望是什么，以及他们如何满足这些期望"（Hollenbeck et al.，2007）。

与传统测试相比，绩效评估模型由于能够捕捉复杂的、综合的绩效技能而具有吸引力。此外，人们可以自由地使用不同的策略来执行任务，任务绩效可以根据固定的标准进行评估（Hakel，2013）。然而，绩效评估模型同样存在一些缺陷，例如，主观评估既昂贵又容易受到错误信息的误导。此外，评估可能会受到候选人特征等一系列情境因素的影响（Reilly，1990；施密特，1977）。因此，绩效评价模式存在一系列实质性问题。

为了结合不同绩效测量方法的优点，本研究使用的绩效量表包括主管的评价，生产的质量、数量和效率，以及员工在工作场所的适应性和灵活性。

二、员工离职

员工流动率越来越受到各类组织和相关学者的关注。对员工流动率的实证研究始于 1925 年。员工离职是指员工不再是组织成员的情况。许多学者对这个术语给出了类似的定义，将员工流动率定义为"新员工进入组织，现有员工离开组织"。人员流动是指员工在组织边界之外的永久流动。可以将员工流失分为三类，即不可避免的流失、理想的流失和不理想的流失。由于退休、疾病或家庭事务可能会发生不可避免的人事变动。理想的人员流动适用于不称职的员工，而非理想的人员流动发生在有才能、有技能和有能力的员工违背雇主的意愿离开组织时。

离职可分为自愿离职和非自愿离职。由于离职往往与工作满意度等变量有关，因此区分自愿离职与非自愿离职是很重要的，否则从所有离职人员的角度对这种关系的估计将是不准确的。当员工自愿离开自己的工作和组织时，这种离职被称为自愿离职。佩雷斯（Perez，2008）和斯陶（Staw，1980）认为，自愿离职产生了巨大的成本，无论是直接成本（如人员的更换），还是间接成本（如对其他员工的压力或社会资本的损失）。泰勒（Taylor，1998）进一步将自愿离职分为功能性离职和非功能性离职。功能性离职是不合格员工的辞职，功能性离职是有效员工的退出。功能失调性离职又分为可避免的离职（薪酬较低、工作条件差等）和不可避免的离职（如搬家、重病、死亡等），而这些离职对组织绩效几乎没有影响。

非自愿离职被定义为由于许多可能的原因使工人永久离职，是反映雇主决定终止雇佣关系的解雇事例。相比之下，自愿离职是员工自愿离开组织的决定。人们自愿离开一个组织的原因有很多，包括薪酬低，工作压力大，绩效考核差，缺乏工作满意度，缺乏职业发展机会，缺乏组织承诺，缺乏自主性和不公平的劳动实践等。离职相关理论包括以下几点。

（1）组织均衡理论（TOE）。

组织均衡理论（TOE）提出需要平衡员工的贡献和激励与组织的贡献和激励。组织均衡理论通常被认为是第一个关于离职倾向的理论。这一理论源自假设离职是员工自己对组织贡献的感知与组织对自己一生贡献的感知进行权衡后做出的决定。该理论认为，感知到的离职意愿和感知到的离职难易度是决定员工平衡的两个主要因素。这两个主要因素也决定了工作满意度，而工作满意度本身直接影响着离职倾向。根据组织均衡理论的研究，工作满意度主要取决于一个人在工作场所中与不同角色的适配性、员工工作关系的可预测性以及工作与自我形象的一致性。该模型包含了周转、组织规模、离职可能性和离职的感知意愿之间的循环。

（2）社会交换理论。

社会交换理论的核心原则是，两个社会实体之间的关系取决于每个实体对社会规则和交换规范的尊重程度。定义这种关系质量的因素包括信任、忠诚和承诺。这些属性取决于爱情、地位、信息、金钱、商品和服务等因素，而这些因素通常是人们在一段关系中投入的。社会交换理论认为，交换的社会规则和规范包括互惠规则，以及其他明确的规则。互惠原则主张一个人应该根据他或她如何对待别人而被对待。因此，谈判的规则是明确详细的，并根据参与各方商定的一套规则和义务加以记录。交换规则和规范的其他例子包括利他主义、群体利益、地位一致性和竞争。社会交换理论认为，员工之间是通过彼此关联的网络联系在一起的，这种联系的强度影响他们的离职意愿。因此，需要对社会网络理论和工作嵌入性对自愿离职的推论进行更多研究。从社会交换理论的角度来看，离职倾向是管理层或同事不尊重隐性或显性约定规则的结果。这意味着，如果违反了协议，员工可能会自愿决定离开组织。因此，管理层努力强化隐性或显性规则来留住人才。

（3）工作嵌入理论。

工作嵌入理论（JET）假定员工在他们的组织和社区内有许多联系。因此，他们觉得自己完全融入了职业和社会环境，他们不希望因为一份未知的新工作或一个不熟悉的新环境而失去或牺牲这些联系。这一理论将同事、亲戚和朋友作为塑造员工工作和社区联系的关键因素。工作嵌入理论认为，员工的组织和社区整合取决于诸如个人价值观、职业抱负以及知识和技能等特殊因素。它还取决于组织文化、工作要求，以及诸如气候、天气条件、宗教信仰和娱乐活动等一般因素。工作嵌入理论认定的牺牲或损失包括放弃熟悉的同事、有趣的项目或理想的利益，以及放弃轻松的通勤、良好的工作氛围等。工作嵌入理论认为，如果员工对自己的职业和社会环境仍有嵌入感，他们就会留在当前的工作岗位上，否则会产生离职意向。因此，挽留有才华的员工应该寻求保持这种对工作和社会环境的归属感。

（4）赫茨伯格的双因素动机。

赫茨伯格的双因素动机揭示了组织中有两组因素：有助于工作满意度，也被称为"动机因素或激励因素"，和有助于工作不满的"保健因素"。激励因素包括经验成就、认可、有趣的工作、增加的责任、进步和学习。保健因素包括不公平的企业政策，不称职或不公平的主管，不愉快的工作条件，不公平的工资和不安全的工作。双因素理论认为，激励因素和保健因素并不是简单的对立，意思是，因为工作环境不愉快而感到不满的员工，如果工作环境突然变得令人愉快，也不一定会感到满意。根据这一理论，当影响员工整体满意度的因素开始受到负面影响时，员工就会产生离职意愿。例如，当员工开始认为他们的工作在职业发展和晋升方面不再具有刺激性，或者他们的工作不再有趣或者自身没有得到足够的认可时，就容易产生离职意愿。因此，保留策略应该寻求优化激励因素，以抑制员工的离职意愿。

（5）基于资源的理论。

基于资源的理论或观点（RBT 或 RBV）假设"当资源是有价值的、稀有的、昂贵的模仿和不可替代的时，资源有助于组织优势的发挥"（Pe-teraf & Barney，2003）。该理论旨在解释是什么使一个组织比其他组织获得竞争优势。资源被定义为"企业控制的所有资产、能力、组织过程、企业属性、信息、知识等"。当一个企业被认为"具有竞争优势，就表明其可以生产更多的经济和/或更好地满足客户需求，从而享有优于竞争对手的优势"。当资源有助于提高企业的产出和效率时，它们就被认为是有价值的。此外，有价值和稀有的资源有助于维持企业的竞争优势，使其难以被模仿。根据资源基础理论，只要员工觉得自己仍然被重视和被视为特殊的、能够维持组织竞争优势的稀缺资源，他们就会留在当前的工作岗位上，否则就会产生离职意愿。因此，保留策略应该寻求保持员工的价值感，以应对员工的离职意愿。

（6）公平理论。

如果人们在工作投入与结果之比中感到公正和公平，他们就会受到激励。这一理论的重点在于交换关系，在这种关系中，个人付出了什么，即他们的投入，并期望得到什么，即预期的结果。这一理论假设对结果的价值与输入的价值进行评估，揭示了特定个人或参照群体的公平或不公平感。这些参照群体包括同事和亲属，或扮演不同但可比较角色的个人。投入指的是每个员工的经验、技能和努力，而他或她的成果包括工资、附加福利、责任和奖励。公平理论还假设，当人们感到不公平时，往往会采取行动以恢复公平。因此，投入的改变和产出的改变是平衡具体行动的途径。公平理论适用于劳动力离职和保留研究，离职倾向可以被视为感知不公平的结果。因此，管理人员努力维持一个公平的工作环境来降低员工的离职意愿。

（7）人力资本理论。

人力资本理论（HCT）认为"教育、培训和发展等知识对生产率和工资有正向影响"（Schultz，1974）。人力资本理论认为教育是提高员工生产能力的关键。因此，对组织来说，投资员工的发展以提高他们的生产力水平至关重要。其他形式的投资回报（ROI）产出对组织和员工都是有益的，包括提高生产力和利润，以及提高工资和收入。然而，教育和培训可以提高员工在就业市场上的就业能力，并导致更高的工作流动机会。人力资本理论认为，管理层在员工教育、培训和发展方面的投入是影响员工离职倾向的重要因素。

（8）期望—确定理论。

期望—确认理论（ECT）认为，在任何事件发生之前，个体都有期望，如果这种期望以一种积极的方式得到满足，那么个体就会得到满足；如果这种期望以一种消极的方式得到满足，那么个体就会感知到不满意。期望理论认为事件发生之前的期望和事件发生之后的评价结合起来决定对事件的满意度。人们带着期望和价值加入组织工作，如果这些期望和价值被组织满足，他们可能会愿意继续成为组织的一员。同样如果这些期望没有得到满足，就会产生旷工、离职倾向等消极行为。学者将期望理论确定为离职和员工保留的核心基础理论之一。离职倾向与员工对奖励、培训、工作条件和认可等问题的期望有关。期望—确认理论认为，管理层努力评估和满足员工的期望可以被认为是一种保留策略，可以降低优秀员工的离职意愿。

尽管人员流动对组织来说是一种成本，但哈比布（Habib，2015）指出，一定程度的人员流动是不可避免的，有些情况下对组织可能是有益的。新员工带着新想法和新知识加入组织，在这个过程中丰富了组织的其他活动。组织的最高管理层希望有一个合理的离职率，以确保组织的健康增长和持续创新。当人员流动率过低时，组织缺乏新鲜血液和新想法，可能会变成一台老化的机器，无法适应新形势（Loquercio et al.，2006）。人员流动还可以让组织适应市场变化，而无需进行代价高昂的裁员。某些组织接受相对中等水平的人员流动，因为它保持了组织的动态性（Richardson，2015）。一定程度的员工流动对组织是有益的，可以通过确保工作和员工之间更好也匹配来帮助提高生产率，并提供更多的灵活性来促进和激励有价值的员工发展（Loquercio et al.，2016）。

员工的离职率是任何组织面临的最大挑战之一，会对组织的发展产生重大影响，这在人力资源管理领域已经被视为严重问题（Hassan，2014）。吴和波尔萨拉姆（Wu & Polsaram，2012）认为，员工流动率成为当今许多组织关注的一个主要问题，高员工流动率，特别是高绩效的员工的离职，对企业有很多不良影响。员工离职意向是指员工离开当前工作的可能性（Ngamkroeckjoti et al.，2012）。每个组织，无论其地理位置、规模或业务性质，都会关注员工的离职意向（Long et al.，2012）。

造成离职的原因可能不同，这些影响离职意向的因素因组织而异（Shah et al.，2010）。嘉（Jha，2019）认为不能将单个因素归因于离职倾向，并提出在研究影响员工离职倾向的因素时应采用整体研究的方法。组织中影响员工离职的其他变量包括个人的工作变量，如人口统计变量，工作满意度、薪酬、晋升和工作条件等综合变量（Arthur，2011）和个人的非工作因素如家庭相关因素（Mobley，2012；Pettman，2015）。此外，人口统计变量也不能被忽视。年龄、任期、受教育程度、收入水平、工作类别和性别已被证明影响员工保留，并已被发现与离职倾向建立了关系。其中，年龄、任期和收入水平与离职倾向呈负相关（Arnold & Feldman，2012；Price & Mueller，2016；Weil & Kimball，2015）。文化程度与离职呈正相关，文化程度越高的员工离职倾向越高（Berg，2011；Cotton & Tuttle，2016）。在工作类别上，泰和罗宾逊（Tai & Robinson，2018）发现非管理类员工比管理类员工更容易离职。

一些人力资源管理实践已经被证实对员工离职的影响，如培训投资，提供组织支持，实施创新的招聘和选择过程，提供更好的职业机会

（Cheng & Brown，2018；Walsh & Taylor，2017；Walters & Raybould，2017），以及实施有效的策略来提高工作满意度和组织承诺（Aksu，2014）。总的来说，造成离职的原因如下。

（1）领导风格。

格里芬和摩尔黑德（Griffin & Moorhead，2014）将领导力定义为一种过程和一种属性。作为一个过程，领导涉及到非强制性影响的使用。作为一种属性，领导力被认为是成功运用影响力的人所具有的一系列特征。当讨论领导力时，必须考虑领导风格。领导风格是管理者选择对其员工或下属采取行动的方式，是管理者用来行使其领导功能的方法（Armstrong，2012），领导功能是由执行的方式所决定的（Mullins，2000）。领导风格被认为是领导者激励下属实现组织目标的一种特殊行为（Ngethe et al.，2012）。

在全球竞争环境下，领导风格对于员工离职率有着显著影响（Nanjuswara & Swamy，2014）。守（Siew，2017）认为领导风格与离职倾向有非常强的因果联系。普尼等（Puni et al.，2016）发现专制领导下的员工更容易有辞职的意向，主要是由于领导过于重视生产而不是人；民主型领导下的员工，由于领导集体决策的方式，更不容易有离职倾向。朗（Long，2012）和古尔等（Gul et al.，2012）发现离职意向与交易型和变革型领导风格之间存在负相关且不显著的关系，守（2017）通过对马来西亚中小企业的研究表明，变革型和交易型领导风格与离职意向之间存在显著的相关关系。

（2）人口统计变量。

卡亚和阿布迪奥古卢（Kaya & Abdioğlu，2010）所描述的人口统计学变量，如年龄、专业经验（任期）、婚姻状况、职称和对专业的了解程度对离职倾向的概率没有影响。然而乔杜里（Chowdhury，2015）、埃米罗奥卢等（Emiroğlu et al.，2015）和维多利亚和奥莱坎（Victoria & Olalekan，2016）发现年龄、婚姻状况、任期、工资、职位、工作部门等人口因素是离职倾向的决定因素。尽管卡亚和阿布迪奥古卢（Kaya & Abdioǧlu，2010）发现性别与离职意愿之间存在显著的关系，但维多利亚和奥莱坎（Victoria & Olalekan，2016）得出的结论是，性别对员工的离职意愿没有显著影响。松等（Choong et al.，2013）发现性别、年龄组和婚姻状况对离职倾向存在显著差异，例如，女性比男性有更高的离职倾向，而已婚受访者对工作的投入较单身受访者高，长者较年轻受访者更愿意留在所属组织工作。

（3）组织承诺。

根据莫迪等（Mowday et al.，1982）的定义，组织承诺是员工对组织目标和价值观的强烈信念和接受，愿意为该组织作出相当大的努力的意愿，以及保持组织成员身份的强烈愿望。兰伯特（Lambert，2003）认为组织承诺是员工对组织的一种心理依恋。林和陈（Lin & Chen，2004）指出，组织承诺与员工离职意愿呈负相关。阿胡贾等（Ahuja et al.，2007）指出，组织承诺是员工离职倾向的最强预测因子。铠武（Cave，2013）发现组织承诺与离职倾向显著相关。作为先决条件，忠诚的员工不太可能离开组织，也愿意为组织做出更重要的贡献，表现更好、具有更高的组织公民行为的员工不太可能从事非生产性或破坏性的行为（Iqbal，Aziz & Tasawar，2012；Meyer，Allen & Smith，1993；Meyer et al.，2002）。研究结果发现，组织承诺基于积极的工作经验、工作满意度、对管理的信任以及有吸引力的报酬和奖励（Meyer，et al.，2002）。此外，组织承诺与离职之间存在很强的相关性，这意味着更高的承诺水平会导致更低的离职意愿，从而导致更低的离职率（Allen & Meyer，1990；Falkenburg & Schyns，2007；Good et al.，1996；Harris & Cameron，2005；Huselid，1995；Rhoades & Eisenberger，2002）。组织承诺是离职倾向的预测因子之一（Arnold & Feldman，1982；Hollenbeck & Williams，1986）。齐（Qi，2017）发现情感承诺对员工离职倾向有显著的负向影响，这与劳（Law，2015）的研究结果相似，即情感承诺是承诺中预测员工离职最重要的组成部分。

（4）组织公平。

公平是一个广泛的、多层面的概念（Sokhanvar et al.，2016）。组织公平是指员工认为工作场所的程序、互动和结果在本质上是公平的程度（Öztürk et al.，2016）。组织公正的特征是不同的个人和团体对组织行为公平性的感知以及他们对这些感知的行为反应（Sokhanvar et al.，2016）。为了确保员工满意、忠诚和忠诚，组织需要在分配、程序和互动公正方面的系统中保持公平（Alkahtani，2015）。阿盖伊等（Aghaei et al.，2012）、索坎瓦尔等（Sokhanvar et al.，2016）和欧子图克等（Öztürk et al.，2016）在研究组织公平感与离职倾向之间的关系时发现，离职倾向与组织公平感之间存在显著的负相关关系。组织管理者的公正程度越高，员工的离职意愿就越低，因此员工的有效性、效率和绩效也就越高（Aghaei et al.，2012）。泰穆尔（Tamer，2012）和迈特（Mat，2014）发现，分配公平、程序公平与员工离职倾向之间存在负相关且具有统计学显著性。员工对决定结果方式的公平性（程序公平）和员工获得结果的公平性（分配公平）的感知水平越高，员工的工作满意度和组织承诺水平就越高，而离职倾向就越低。

（5）组织氛围。

撒切尔等（Thatcher et al.，2003）评估了信息技术企业组织氛围对离职意愿的影响，并证实组织氛围对离职意愿有直接影响。另外，斯通等（Stone et al.，2006）指出，组织氛围和离职意愿之间存在很强的联系，当试图观察组织氛围时，必须考虑组织文化。吸引和留住关键员工的最大因素是文化（Alkahtani，2015）。

（6）晋升机会。

马哈帕彻（Mahapatro，2010）将晋升描述为员工晋升到更高的职位，承担更大的责任，获得更高的薪水，更好的服务条件，从而获得更高的地位。晋升机会、组织承诺、工作特征、薪酬水平和报酬、工作生活质量、工作满意度与离职意向呈负相关显著关系（Hassan，2014）。工作满意度和晋升机会是影响离职倾向的重要因素（Shah & Khan，2015）。晋升速度和薪酬增长是直接影响员工离职意向的最重要因素（Biswakarma，2016）。晋升机会与薪酬、服务条件、工作绩效、职业发展、工作环境、工作满意度、管理风格和员工承诺共同构成离职倾向的影响因素（Nyamubarwa，2013）。组织外部感知到的职业机会和组织内部职业发展机会的缺乏会增加员工离开组织的意愿（Stahl et al.，2009）。如果晋升机会处理不当，会导致不满、沮丧、怀疑、员工之间的分歧，并最终导致高比率的员工流失率（Mahapatro，2010）。

（7）收入水平。

不同组织的员工都希望提高其收入水平，因此，在一个组织中，员工努力在当前的组织中获得加薪，或者加入其他能够提供良好薪酬的组织，寻求提高薪酬的方式。对此，唐纳德等（Donald et al.，2000）指出，组织的薪酬水平具有潜在的重要性，收入水平对自愿离职有直接影响。在当今的工作环境中，薪酬是一个决定性因素，员工会放弃目前的工作，接受有更高薪酬机会的工作。有吸引力的薪酬方案是留住员工的重要因素之一，因为它满足了员工的财务和物质需求（Shoaib et al.，2009）。正如库玛（Kumar，2011）所指出的，员工的流动率主要是由于对收入水平不满。薪酬水平和报酬与离职强度呈负相关且显著（Hassan，2014）。

（8）组织文化。

组织文化反映了其成员共享和学习的价值观、信仰和态度（Hellriegel & Slocum 2011）。组织文化是指由成员所拥有的、使组织区别于其他组织的意义共享体系。离职倾向受组织文化的影响是显著的（Dwivedi et al.，2013；Haggalla & Jayatilake，2017）。组织文化是影响员工承诺、工作满意度和保留率的重要因素（Habib et al.，2014）。提供具有挑战性工作的组织文化减少了员工的缺勤和离职意向（Carmeli，2005）。哈加拉和贾亚提拉克（Haggalla & Jayatilake，2017）发现市场文化、等级文化与离职倾向之间存在正向关系，而廉洁文化与灵活文化离职倾向之间存在负向关系。威权主义组织文化与离职倾向呈正相关（Kim et al.，2017）。共识文化与员工流失率呈负相关且强相关（Park & Kim，2009）。

（9）工作压力。

嘉（Jha，2009）认为工作压力是增加员工离职意愿的主要组织因素，员工的离职意愿会因角色歧义、角色冲突、工作超载、工作家庭冲突等因素而产生压力。哈桑（Hassan，2014）发现工作压力是影响离职倾向的最显著因素。工作压力是影响离职倾向的重要变量（Bashir & Durrani，2014）。

（10）工作满意度。

工作满意度是员工对工作感到满意和高兴的状态（Bashir & Durrani，2014）。阿里和吴（Ali & Wu，2019）认为工作满意度与离职倾向呈显著负相关。阿赫塔尼（Alkahtani，2015）也证明了工作满意度与员工离职意愿之间存在着相关性。佩雷兹（Perez，2008）发现工作满意度是预测未来辞职的最重要因素。

员工离职的有形成本包括招聘成本、背景调查、安全检查、临时工成本、搬迁成本、正式培训成本和入职费用等。无形成本包括人力资源和工资管理的扩大、生产力的损失和非正式培训。其他隐性成本包括逾期、缺乏组织知识、由于过度工作而缺乏积极性、失去客户以及连锁反应性人员流动。员工流动对组织的另一个影响是其对员工—客户关系的影响，长期任职的员工会与客户建立私人关系，这些关系是加强员工和客户之间良性互动循环的基础。因此，员工保留率对良好的客户关系和最终的盈利能力有积极的影响（Rust et al.，2016）。

员工离职还会影响留在企业的员工。从对企业士气的影响来看，流失优秀员工的代价非常大。那些留下来的员工往往会感到灰心丧气，从而降低了工作效率和工作满意度。如果其他员工看到他们的同事抓住了新的工作机会，他们也可以效仿。后一种成本虽然难以计算，但也是有损组织利益的（Hay，2012）。人员流失的原因有很多，这些原因可能包括外部环境变量，如经济因素，进而影响就业水平；组织因素，包括行业类型、职业类型、组织规模、薪酬、监管水平、地点、选择过程、工作环境、工作分配、福利和晋升（Arthur & Rousseau, 2011）。

员工离职不仅存在显著的有形成本，而且还存在与技能损失、效率低下和重置成本相关的无形或隐性成本（Lashley & Chaplain, 2019）。拉什利（Lashley, 2015）提到培训投资的损失和员工专业知识的损失是典型的人员流动成本和机会成本。一些研究者强调了与组织行为和相关的"保健因素"有关的离职无形成本，例如，角色冲突、工作满意度降低、士气低落、承诺减少、破坏性的监督/领导和缺乏职业发展，这些都会影响员工的生产力。研究表明，员工流失造成的生产力损失占总离职成本的2/3以上（Tracey & Hinkin, 2018）。随着人员流动的增加，服务质量可能会下降，因为组织需要时间来替换离职员工（Lynn, 2012）。人员流动对各行业都是有影响的。例如，在酒店行业，降低员工流失率是降低成本和提高劳动生产率的一个重要因素。然而，管理和核算营业额对酒店来说仍然是一个困难的挑战，因为在单位内部或单位之间没有单一的问责点。人力资源管理预算通常只计算人员流动的直接成本（Davidson et al., 2016），而没有考虑到员工离职的间接成本。

现有研究表明，工作满意度是离职倾向的先决条件。例如，阿里（Ali, 2018）强调，如果不考虑员工的不满，可能会出现问题。不满的员工迟早会离开组织。与此同时，组织也失去了员工所带来的知识。如果组织决定雇佣新的员工来替代那些离开的员工，而他们的不满情绪没有得到满足，这就会影响组织的日常运作，进而引发离职的恶性循环。此外，海（Hay, 2012）发现，大多数员工选择职业机会、学习和发展机会是员工留在组织中的首要原因，从而导致工作满意度。

职业满意度和职业成功是密切相关的。职业成功被定义为积极的心理或与工作相关的结果或成就（Judge et al., 2009）。职业成功的模型包含了许多与职业成功相关的人口统计学、人力资本和动机变量（Judge et al.，2009）。此前，许多关于职业的研究都认为个体是被动的，受情境因素的影响（Bell & Staw，2010）。职业/工作满意度是员工离职的显著预测因子（Egan et al.，2014；Wright & Bonett，2017）。当员工的心理健康和工作满意度都较低时，最有可能离开所在的组织。对有意义工作的满意度和晋升机会是离职倾向的显著预测因子（Wright & Bonett，2012）。已有研究发现，工作不满与工作负面行为结果相关，如旷工、工作场所事故和劳动力流动（Griffeth et al.，2010；Newstrom，2017；Sousa-Poza & Sousa-Poza，2017）。柯瑞尔等（Currall et al.，2015）发现薪酬满意度与绩效呈正相关，与员工离职倾向呈负相关。同样，戴维斯（Davis，2016）的另一项研究结果也表明，一般工作满意度与离职倾向呈强负相关。工作满意度已被实证证明是离职倾向的主要预测因子（Larrabee et al.，2013）。

一些学者认为，员工流失率与培训投资规模之间存在正相关关系（Green et al.，2006）。第一种解释认为，高流动率的组织会在培训方面投入更多，以取代离职人员的技能和胜任能力（替换投资）和/或在未来增加就业忠诚度（保留管理）。第二种解释认为，组织进行了广泛的培训，从而产生更高的流动率，正是因为受过培训的员工离开了组织，去寻找薪酬更高的工作，在那里可以使用他们已经获得的技能。培训增加了员工的价值，这就增加了被竞争对手选中的可能性。一些经济学领域的学者声称，离职和培训之间存在负相关关系。贝克尔（Becker，2019）认为培训投资是员工和雇主双方一致同意的优化决策的结果。一般培训提高的技能使工人能够从当前或未来的雇主那里获得更高的工资。由于雇主面临着无法收回投资的风险，他们将不愿意支持员工的一般培训。另外，针对企业的培训，除了目前的雇主，其员工不能产生工资的增长。因此，企业可以收回在特定培训上的投资，并且分担特定培训的部分或全部成本。这也是纯粹竞争的劳动力市场总是会提供最优的培训投资水平的原因。

组织支持感（POS）反映了员工对组织重视其贡献、关心其福祉的总体信念（Eisenberger et al.，2006）。社会交换和互惠规范的概念经常被研究人员用来描述员工对组织表现出积极行为的动机（Rhoades & Eisenberger，2002）。然而，组织支持感和离职倾向之间的关系阐明了管理者采取积极措施留住有价值员工的原因。罗伊等（Loi et al.，2006）在控制企业规模和人口变量的影响的同时，努力测量了组织支持感在感知公平感、预测组织承诺和离职意愿之间的中介作用。他们发现组织公平感在组织公平感（程序公平感和分配公平感）与组织承诺和离职意愿之间起着中介作用。虽然组织承诺与离职倾向之间的关系已经得到了很好的证实，但对组织支持度与离职倾向之间关系的研究只是最近才受到重视（Rhoades & Eisenberger，2012；Stinglhamber & Vandenberghe，2013）。艾森伯格等（Eisenberg et al.，1986）提出，为了评估组织奖励员工努力的意愿，员工产生了组织对其价值贡献的程度的感知，称为感知到的组织支持。向员工提供组织支持可能会产生员工对组织的好感，加强雇主和员工之间的联系，反过来，通过互惠规范，增加员工有义务回报组织的意愿（Eisenberg et al.，2000；Maertz et al.，2017）。因此，组织支持感与情感组织承诺呈正相关，与离职倾向呈负相关。最近的研究在西方背景下实证地证实了这些关系（Wayne et al.，2007；Rhodes et al.，2011；Rhoades & Eisenberger，2012；Maertz et al.，2017）。

对现有研究的回顾表明，当员工感知主管对其关心，且认同他们对组织的贡献价值时，被称为感知到的领导支持（Maertz et al.，2017）。感知到的领导支持在文献中受到越来越多的关注，并被证实与包括员工离职和离职意向在内的重要组织结果显著相关（Rhoades & Eisenberger，2012；Maertz et al.，2017）。在西方国家开展的相关研究表明，感知到的工作支持与组织结果（如组织承诺、离职意向和离职行为）之间存在很强的正相关关系（Rhoades et al.，2011；Rhoades & Eisenberger，2012；Rhoades & Eisenberger，2012）。已有研究报道感知到的领导支持与组织支持感显著正相关（Yoon & Lim，2009；Yoon & Thye，2010；Rhoades et al.，2011；Rhoades & Eisenberger，2012）。然而，在文献中仍然存在关于感知到的领导支持和组织支持感之间的联系的争论。有学者认为，组织支持度对情感承诺、员工离职意向等组织结果的影响完全受组织支持感的中介作用（Rhoades & Eisenberger，2002；Rhoades et al.，2011）。罗德斯和艾森伯格（Rhoades & Eisenberger，2012）发现感知到的领导支持完全中介了感知到的领导支持与离职率之间的关系。罗德斯等（Rhoades et al.，2011）通过强调感知到的领导支持对情感承诺的影响完全通过感知到的领导支持来中介。还有学者认为，主管层次结构（如工作绩效支持）可能对组织结果（如离职意向）产生直接和间接的影响（Becker，2019；Maertz et al.，2017；Maertz et al.，2012）。工作保障（Rhoades & Eisenberger，2002）已经被实证地与组织支持感联系在一起，这些行为反映了组织满足员工社会情感需求的倾向（Eisenberger et al.，2016）。组织支持感确保员工在执行工作和应对压力时，能够得到组织的支持（George et al.，2013）。在互惠原则下，受支持的员工倾向于重视和尊重自己的组织，因此愿意为组织的目标做出贡献。丰明（Foongming，2018）认为主管主要参与绩效评估和反馈，因此，管理者的有利或不利行为反映了组织对员工的看法。根据金特里等（Gentry et al.，2016）的一项研究，如果员工有发言权，能够进行合理的沟通且得到上司的认可和支持，并能得到上司对自己的健康状况的关心，那么员工就倾向于长期留在组织中。

如果员工经常得到如奖金之类的激励，那么大多数员工会留在组织，但薪酬不是唯一能激励员工留在组织的因素（Anderfuhren-Biget et al.，2010）。吸引和留住关键员工的最大因素是企业文化。让员工觉得自己是团队的一员是很重要的，他们需要与组织和同事的愿景和方向建立联系，需要和谐的工作关系，由此创造更多的合作。最近的研究（Schyns et al.，2019；Khan et al.，2017）提出了消极的组织氛围对工作满意度的负面影响，反过来可能会加速员工离职。例如，莫兰和沃尔克温（Moran & Volkwein，2002）将企业氛围定义为一个组织相对稳定的特征，使其区别于其他组织。企业氛围代表了成员对组织在自治、凝聚力、支持、认可、创新和公平等方面的共识，由成员互动产生；作为解释该情况的依据；能够体现组织文化的普遍规范、价值和态度，是形成行为的动力来源。兰伯特等（Lambert et al.，2001）强调了工作环境的五个变量，分别是角色冲突、任务多样性、经济回报、与同事的关系以及自主性。此外，托尼等（Tony et al.，2015）推荐了组织氛围的六个组成部分，即决策、温暖、风险、开放、回报和结构。阿尔特曼（Altmann，2000）提出组织氛围可以分为以下几个维度：工作、角色、领导、组织、工作组。如果员工察觉到管理层缺乏明确的方向，他们更有可能离开（Hay，2002）。斯通等（Stone et al.，2006）提出组织氛围与离职意愿之间存在联系。撒切尔等（Thatcher et al.，2003）证实了信息技术企业组织氛围对离职倾向的影响。

财务奖励包括生存所需的收入（支付账单），稳定和一致性的感觉（工作是安全的），以及认可（我的工作场所重视我的技能）（Aguenza & Som，2012）。希金波坦（Higginbotham，2017）提到，高薪并不重要，但"好"和"公平"的薪酬与留任意愿有很强的相关性，这意味着只要薪酬具有竞争力，财务奖励就不是留任的主要因素。科翰斯基和莱德福德（Kochanski & Ledford，2011）支持这一观点，认为员工对加薪的感知和管理过程比实际的薪酬水平更重要。古斯塔夫森（Gustafson，2012）在研究中确定，薪酬和获得更高薪酬的机会在很大程度上导致了组织中员工的离职倾向。亚当斯（Adams，1965）提出的公平理论解释了重视公平待遇的个体会努力保持组织内成员之间的关系。因此，如果员工觉得在薪酬待遇上存在不平等，一系列的负面行为就会出现，比如旷工、离职等。

组织公平最早由格林伯格（Greenberg）在 20 世纪 70 年代提出，他将组织公平描述为组织对其员工的公平行为（Rafei-Dehkordi et al.，2013）。公平是一个包含很多维度的概念，包括从员工得到的补偿到上级对员工的对待行为等一系列的问题。与工作场所相关的公平功能称为组织公平，它包括决定在其工作表现期间公平对待员工的方式，因此影响了员工的工作行为（Moorman，2001）。组织公平可以被描述为领导者决定结果分配或分配过程中的公平性，以及结果分配或分配的公平性（Colquitt et al.，2011）。为了确保员工满意和忠诚，组织需要在分配、程序和互动公正方面保持公平。当员工感到自己在各个方面都受到了组织的公平对待时，他们可能会表现出更多积极的态度和行为，如工作满意度（Karimi et al.，2013）和组织承诺（Malik & Naeem，2011）。大量研究实证证明，工作满意度与更高水平的组织公平相关（Dundar & Tabancali，2012；Nojani et al.，2012；Taheri & Soltani，2013）。组织公平已被经验证明与许多与变化相关的动力强相关，如对变化的开放，接受变化，与变化的合作，对变化的满意度（Blader & Tyler，2015；Tyler & Blader，2013；Wanberg & Banas，2000）和个体对变化的反应（Greenberg，2011）。另外，它也被认为是承诺改变的先决条件（Kool & van Dierendonck，2012；Paolillo et al.，2015）。离职意向和随后的离职行动是管理者必须意识到的一个变化的重要方面。

虽然组织公平是一个综合术语，描述了员工在组织中对公平的整体看法，心理学家和社会专家将其分为三个组成部分，即分配公平、程序公平和互动公平（Dessler，2015）。分配公平涉及人们的信念，即他们已经获得了相当数量的有价值的工作成果（例如，薪酬、认可等）（Greenberg & Barron，2018）。分配公平被发现与工作结果有关，如薪酬满意度、工作满意度、组织承诺和对组织的信任（Cohen-Charash & Spector，2011）。程序公平反映了导致特定结果的决策过程的公平性（Leventhal et al.，1980）。研究表明，如果人们认为导致这种结果的决策过程是根据组织公正原则（例如一致性、中立性、准确性和可纠正性等）来执行的，那么他们可能会接受一个不利的结果（Baldwin，2016）。组织公平也是一个通用术语，用来反映个人对组织内部公平的看法以及这些看法对行为的影响（Adams，1965；Clayton & Opotow，2013；Colquitt et al.，2011；Folger & Cropanzano，1998；Tyler & Blader，2003）。它也可以被描述为员工对他们所受到的待遇的公平性和真诚性的感知（Elovainio et al.，2015）和工作场所获得的过程和结果的公平性（Hubbel & Coryassad，2015）。

虽然针对离职的研究很多，但组织如何确定离职的真正原因，以降低离职意向，仍然是一个挑战。员工在离职前的态度和行为取决于各种控制变量。因此，应将自愿离职的概念阐明为社会、经济和心理过程的混合。这意味着，为了了解员工的离职意愿，潜在的社会、经济和心理因素也应该被考虑在内。人们通常是经过深思熟虑后决定辞职的。他们评估自己的处境，权衡不同的选择，寻找机会，思考自己的感受。因此，辞职的决定通常不是轻易做出的。员工只有在自愿且认为自己的调动会很容易时才会启动终止雇佣的程序。

员工离职意向是指员工离开当前工作的可能性（Ngamkroeckjoti et al.，2012）。每个组织，无论其地理位置、规模或业务性质，总是对员工的离职倾向给予关键关注（Long et al.，2012）。人员流动是一个关键的人力资源问题，会影响生产力、产品和服务质量以及组织的盈利能力。沙姆苏佐哈和舒蒙（Shamsuzzoha & Shumon，2013）指出，人员流动已被证明是全球多个组织面临的最棘手的人力资源挑战之一。嘉（Jha，2019）发现，人员流动迫使组织在招聘和选择、人事流程和入职、新员工培训等方面产生巨大的成本，以及员工在工作期间获得的知识的损失。对于组织来说，员工的流失意味着在人员选拔和培训上投资的浪费。另外，组织中员工流动率高，不利于现有员工的积极性，工作量的增加使工作计划更为困难。因此，组织中的熟练员工和优秀人才的辞职会对组织的效率和一般绩效有负面影响（Kaya & Abdioğlu，2010）。与实际离职相反，离职意向是模糊的。它反映了员工对组织的态度。态度是非常复杂的，意图是关于利益的特定行为的声明，通常是对后续行为的准确指示。因此，研究意图是很重要的，因为它们可以对一个人的感知和判断提供有用的指示。离职意向用来描述员工在不久的将来离职的可能性，被定义为"有意识的、故意的离职意愿"，是"个人在一定时间内改变工作的主观概率"。离职意向是"员工计划离开组织的程度"。离职倾向指离职认知过程中的以下三个要素：

一是离职的想法；二是寻找另一份工作的意图；三是退出的意图。心理学研究认为离职倾向与实际离职之间存在正相关关系。许多学者认为离职意愿是员工离职的主要和直接诱因之一。因此，衡量员工的离职意向可能有助于确定他们离开组织的倾向。事实上，员工在决定离开组织前要经历以下三个阶段：首先考虑离开组织；其次打算找另一份工作；最后打算辞职。

员工流动问题对一个组织来说是至关重要的。管理者需要考虑员工离职的后果，如离职成本、员工获取的模式和成本、新员工的绩效和价值等（Boudreau，2010）。员工离职有两种类型：自愿离职和非自愿离职。自愿离职，比如辞职，可能是因为换了另一份薪水更高、福利更好或责任更大的工作。退休、裁员或死亡等非自愿离职比自愿离职更难控制。因此，大多数组织更关注自愿离职的影响（Lambert et al.，2011；Lee et al.，2002）。

对一个组织来说，人员流动可能是功能性的人员调整。例如，如果一个组织损失了效率不高的员工，那么人员流动就是功能性的。相比之下，有价值员工的流失是组织功能失调的表现（Abelson & Baysinger，1984）。在员工替换方面，研究表明有两种类型的员工难以替换：（1）对组织的某些特定方面具有特定知识的员工，或"难以获得且对有效绩效至关重要"的知识；（2）"技能相对短缺"的员工（McEvoy & Cascio，1987）。根据组织战略计划的变化，需要应用绩效可替代战略矩阵。组织应定期评估员工绩效和可替换性，以满足组织的需要。此外，这种评价必须结合战略计划的变化和对员工编制的有关影响（Casio，2001）。

自愿离职的费用也对各组织运营成本产生重大的影响。这些成本主要包括：（1）离职成本，如离职面谈、管理时间、养老金和福利支出；（2）更换成本，如职前行政管理时间、入学面试、考试、差旅/搬家费用、医疗检查等；（3）培训费用，如正式培训、新员工入职培训等；（4）生产力的损失，如离职和留下来员工之间的绩效差异，与离职员工的业务损失，组织知识的丧失，以及员工生产力的下降（Cascio & Boudreau，2011）。除了自愿离职的成本，卡肖和布德劳（Cascio & Boudreau，

2011）强调了关键人才库自愿离职的重要影响。企业的人才库分为关键型和非关键型，关键人才库包括对组织战略贡献最大、对组织有价值的员工。这些人才在具有战略重要性的结果中发挥着最大的作用（Cascio & Boudreau, 2011）。研究表明，一些企业的最具价值员工比普通员工的生产力高出300%，而且留住这些员工更加困难（Sullivan, 2017）。此外，在服务型企业中，对客户网络至关重要的关键人才的流失可能会造成极大的破坏（Lublin, 2016）。因此，衡量关键人才库的自愿离职更重要，因为这些人才的数量和质量对组织的战略成果产生了最大的影响。为了管理人员流失，组织的目标应该集中在留住关键人才上。关键人才的整体表现和不可替代性对组织的战略成功起着至关重要的作用（Cascio, 2001）。

过去的业绩和未来的离职率之间存在曲线关系，尤其是对于复杂的工作而言。研究发现，表现最差和表现最好的员工比表现一般的员工离职的频率更高（Schaufeli, 2013）。表现最差的员工往往会在有证据表明他们的表现相对较差时辞职。相比之下，表现最好的人通常有很多其他的就业机会（Nyberg, 2010）。离职意向是员工通过自愿离职而离开当前组织或职业的意愿。一些研究没有调查实际离职，而是调查了离职意愿，因为他们认为行为意愿可以很好地预测实际行为。以往的研究已经成功地证明了离职意向与实际离职之间的一致性相关（Chiu, 2013；Mobley & Hollingsworth, 1978）。离职倾向有一个序列过程，包括"离职的想法、搜索的意图、离职的意图"（Jeswani, 2012；Mobley & Hollingsworth, 1978；Mobley et al., 1978）。离职倾向主要受个人因素、组织因素、个人价值观和规范以及与工作相关和劳动力市场预期等诸多因素的影响（Mobley, 1979）。

一些因素可以解释员工的自愿离职决定。对现有工作的不满和更好的工作机会是自愿离职的主要原因。在人员选拔过程中对潜在离职人员进行筛选是减少离职人员功能障碍的有效方法之一。心理和性格测试已被证明能够确定未来的离职者（Cascio, 2001；Inwald, 1988）。尹彻维特（Introvert, 1988）利用关于公共安全官员选择的心理测试，发现最佳加权测试分数确定了68% ~75%的官员在聘用后5年内离开组织。技能和胜任能力也会影响功能失调的人员流动。

巴里克和齐默尔曼（Barrick & Zimmerman，2019）发现，很少有研究调查雇主能够在求职者开始工作之前评估和防止人员流动的可能性。他们的研究测试了一些雇佣前变量在预测工作绩效和自愿离职方面的有效性。该研究采用的聘用前变量包括个人资料、个人信心量表、就业动机量表和人格特征。结果显示，那些认识现有员工、在以前的雇主工作时间更长、认真负责、情绪稳定、有动力获得这份工作，对自己和雇主的决策有信心的求职者不太可能辞职，并且在聘用后6个月内表现更好。因此，本研究采用一组聘用前变量来选择更有可能成为最有价值员工的职位候选人，并筛选潜在的离职人员。

三、旷工行为

旷工被定义为"任何不按时报告或继续工作的行为，无论出于何种原因"（Cascio & Boudreau，2011）。旷工不包括所有其他安排或授权的缺勤，如事假、假期等。对于组织来说，计划外缺席通常是代价高昂的，因为它们是不可预测的。旷工的主要原因包括个人疾病、医疗预约和与家庭有关的问题。据报道，在美国，35%的旷工是由于个人疾病造成的（Cascio & Boudreau，2011）。

旷工现象在组织中非常普遍。据报道，旷工每年会导致生产力下降，造成大量的经济损失，是导致生产力损失的一个关键因素（Cascio，1991）。另外，旷工还会增加工作负荷、意外加班、事故以及与同事的冲突。对于工作组来说，缺勤会导致协调问题，不利于生产力（Goodman & Atkin，2004），因此会给组织带来严重的后果。

影响员工旷工的主要因素有：工作范围、角色压力、领导风格、同事关系、晋升机会等工作环境；员工价值观和工作期望；个人特征，如年龄、性别、任职年限和教育程度；能参加工作；以及参加工作的压力，如经济条件、激励/奖励制度、工作团队规范、个人职业道德和组织承诺等"（Goodman & Atkin，2004）。

由于技术的发展和某些工作性质的变化，旷工成本的衡量方式有所不同。近年来出现了各种弹性工作制。这种工作的效率和表现不是由出勤来衡量，而是由结果来衡量的。然而，旷工对组织仍然是至关重要的，因为"数以百万计的工人被安排到一个中心位置，如工厂、办公室、零售商店或呼叫中心"（Cascio & Boudreau，2011）。因此，对旷工的影响取决于工作的性质。当其他员工需要做缺勤员工的工作时，缺勤就会影响组织的战略结果。缺勤可能导致工作流程停止，或者导致某些活动的延迟。

对于人力资源从业人员来说，一方面，旷工的主要后果是与旷工有关的直接和间接成本。个人疾病和残疾是直接成本的典型类型，其中包括支付给员工的实际福利（Goetzel et al.，2013）。另一方面，延迟、替代员工的生产力低下、同事的士气低落等间接成本会导致生产力下降。关注旷工成本的主要原因是，将个人行为转化为财务标准有助于人力资源专业人员掌握旷工所带来的负担（Munro，2019）。另外，它有助于建立一个基线来评估缺勤行为和缺勤控制程序的有效性。卡西欧（Cascio，2011）认为，除去假期等预定缺勤，总直接和间接缺勤成本占工资总额的9%。一般来说，员工缺勤成本有四类：与缺勤本身相关的成本，如员工福利和工资；与管理旷工问题相关的成本，如主管处理旷工后果；替代员工的成本；以及工作产出数量或质量下降的成本，如闲置的机器、糟糕的客户服务和替代工人的生产率下降（Cascio & Boudreau，2011）。

人的因素在任何组织中都扮演着重要的角色。员工和人力资源管理是服务质量、客户满意度和忠诚度、竞争优势、组织绩效和业务成功的关键决定因素（Bitner et al.，1990；Nickson et al.，2012；Schneider et al.，2013）。管理学文献中的许多理论、模型和实证研究强调了人力资源对组织的关键作用。

人力资源经理处理的最重要的问题之一是管理员工的缺勤行为，即旷工。旷工是由于疾病、家庭成员死亡或其他个人问题等原因暂时离开工作，即暂时从组织中退出（Mathis & Jackson，2014），它也被解释为员工故意或习惯性的缺席工作（Cucchiella et al.，2014）。根据文献，旷工可分为多种类型。最常见的类型是病假（Duff et al.，2015；Lokke et al.，2006；Pizam & Thornburg，2010），而一些学者认为假期、产假、军职、教育缺勤等也是旷工的形式。还有学者区分了非自愿旷工（例如，有证明的疾病、出席葬礼）和自愿旷工（例如，休假、无证明的疾病）（March&Simon，1958）。布劳（Blau，1985）将旷工分为有组织理由的和无组织理由的两类，类型包括疾病、陪审义务、宗教节日、丧假，而交通问题属于请假形式的范畴，旷工相对容易衡量。缺席度量有两种：时间损失和缺席频率。时间损失度量方法将旷工表示为离开工作的时间单位（如小时或天）的总和（Steel，2013），而缺席频率则是特定时间内的缺勤数量，与持续时间无关（Chadwick-Jones et al.，1971）。

过度的旷工会对任何企业产生严重的影响。旷工的一些负面后果是高成本，如直接补偿成本或更换成本，以及生产力的损失（Mathis & Jackson，2014）。研究旷工的重要性在于更好地理解员工的旷工行为并对其进行成功的管理。旷工行为已经被深入研究了 50 多年。关于旷工原因和后果的系统化研究可追溯到 20 世纪 70 年代。穆欣斯基（Muchinsky，1977）对旷工与个人、态度和组织变量之间的关系进行了叙事性研究。除了这些旷工决定因素，他还研究了旷工和离职之间的关系。穆欣斯基还从几个角度研究了旷工现象，包括测量的心理测量问题，以及减少员工旷工的可能解决方案。罗德斯和斯蒂尔斯（Rhodes & Steers，1981）开发了一个全面的旷工模型，该模型由 8 个可能对员工旷工产生影响的因素组成，即工作情况、个人特点、出勤压力、工作满意度、员工价值观和工作期望、出勤动机、出勤能力和员工出勤。穆欣斯基和罗德斯主要处理的是旷工的决定因素，而古德曼和阿特金（Goodman & Atkin，1984）进一步探索了旷工对不同人口水平的影响，包括个体工人、相邻工人、工作组、组织、其他社会组织和社会层面。他们指出，在负面影响中，最重要的是失去奖励、纪律处分、事故、更大的工作压力、更低的生产率和更高的成本。杜兰德（Durand，1985）研究了旷工的前因变量和后果变量，从产业—组织心理学和组织行为管理两个角度对旷工进行了研究。该研究发现，工作单位规模、员工责任和组织调度是三个潜在的前因影响，可以用来提高员工出勤，反馈、奖励和惩罚被证明是有效的出勤控制程序。

在 20 世纪 90 年代末，哈里森和马尔托奇奥（Harrison & Martocchio，1998）在他们对旷工原因及其后果的研究中引入了一个新的时间变量，使用基于时间的系统，以文献综述的形式来组织和分析旷工的原因和后果。该研究将性格和人口统计特征（如性别、年龄、抑郁、吸烟、酗酒、吸毒和锻炼习惯）定义为长期旷工的原因。工作相关态度和社会背景代表了中期组，属于这一组的变量如高水平的工作满意度、工作投入、组织承诺、做有意义的任务、在一个有严格考勤标准的团队或文化中工作、在无工会的环境中工作（带薪病假较少）、白班工作、在工作时间灵活的组织中工作等因素，都有助于降低缺勤率。最后是决策机制，如员工的出勤意愿属于短期原因。达克等（Daouk-Öyry et al.，2014）使用 PubMed 和 CINAHL Plus 数据库，检验与离职和缺勤行为有关的前因变量和结果变量。他们的研究提出了"JOINT"（工作、组织、个人、国家和人际因素）的多层次概念模型，用于未来护士缺勤和离职的调查。戴维等（Davey et al.，2019）使用了更全面的数据库范围，包括 SCOPUS 和更长时间段的数据，该研究的目的是确定短期缺勤的个人和组织的预测因素。

（一）影响旷工的因素

在个人因素中，责任心、亲和性和神经质是一些常见的旷工原因（Kolz，1999；Störmer & Fahr，2013）。虽然尽责和随和的员工似乎较少缺席工作，但神经质对员工缺勤行为有积极影响。一些研究探讨了年龄、性别、婚姻状况、是否有孩子、种族和民族与旷工的关系。而加西亚（Garcia，1987）发现年龄与旷工有正相关关系，年轻员工比年长员工更容易缺勤。由于性别在大多数旷工研究中都是一个重要的解释变量，因此在所有的分析中都将其作为自变量纳入。然而，威姿奈斯（Vistnes，1997）将性别作为因变量进行了验证，发现男性和女性的缺勤行为存在显著的差异。这项研究表明，家庭中有6岁以下儿童的数量与妇女缺勤的可能性呈正相关。此外，有更多家庭责任和个人责任的员工有更高的旷工频率（Deery et al.，1995）。

许多学者将态度作为组织中旷工的重要决定因素进行研究。互动中的工作投入、组织承诺与缺勤行为呈负相关（Blau，1986）。关于旷工的文献表明，员工可能会选择离开令人不悦的工作环境，因为这会让他们感到不满。因此，工作满意度是研究最多的员工态度之一（Boon et al.，2014；Kristensen et al.，2016）。此外，韦格等（Wegge et al.，2017）表明，在低工作满意度的员工中，工作投入对缺勤行为的影响比在高工作满意度的员工中更显著。在影响员工缺勤行为的保健因素中，压力是最重要的因素（Zeytinoglu et al.，2014；Kim & Garman，2013）。

研究表明，旷工与许多组织和工作特征之间存在联系。当涉及到企业规模时，规模更大的企业通常有更高的缺勤率（Scoppa，2010）。即使以工资为中介，这种差异也更大（Winkelmann，1999）。个体经营的员工比其他类型企业雇佣的员工缺勤少，公共部门的员工比私人部门的员工缺勤率更高，拥有临时合同的员工比拥有永久合同的员工缺勤更少（Scoppa，2010），每周工作五天的员工比每周工作四天的员工缺勤率更低（Barmby et al.，2011），轮班制也会影响旷工率（Nicholson et al.，1978）。

（二）旷工的结果

旷工降低了工作质量和产量（Morrow et al.，1999），也降低了企业的运营效率（Kopelman & Schneller，1981）。旷工还会影响其他工作行为，比如离职。一些研究表明，旷工和离职之间存在很强的正相关关系（Morrow et al.，1999；Waters & Roach 1979），而帕拉休拉曼（Parasuraman，1982）的数据表明，以往的缺勤和离职之间存在滞后效应。除此之外，缺勤行为似乎会加剧组织的整体健康，在这样的组织中，员工士气低下，压力大，沟通不畅，管理人员和员工之间的关系也不佳（Mchugh，2012）。此外，旷工对组织生产力有负面影响（Herrmann & Rockoff，2012；Jung & Takeuchi，2010）。雇用临时工所带来的预期日生产率损失，相当于用生产率为 10%～20% 的临时工取代一个具有平均生产率的正式员工（Herrmann & Rockoff，2012）。

四、迟到行为

另一种可能显著影响组织成功的员工行为是员工迟到。迟到被认为是员工反生产行为的一个重要方面。围绕旷工率和迟到率上升的争论主要包括"努力工作不再有回报"和"员工变得懒惰"的断言（Leigh，1988）。虽然一些工业心理学家、社会学家和管理学者已经指出了旷工的重要性，但对迟到的研究通常被忽略（Leigh & Lust，1988）。古普塔（Gupta，1983）认为，迟到和旷工最有可能同时出现在员工身上。一些人口统计数据与员工迟到有关。罗斯和米勒（Rosse & Miller，1984）对有关员工旷工和迟到之间关系的文献进行了综述。结果显示，由于不愉快的工作环境，迟到和缺勤可能呈正相关关系（Rosse & Miller，1984）。另一种解释是，这两种行为"可能是正相关的，员工的行为顺序从迟到、缺席，到自愿离职"（Cohen，2003）。证据还表明，婚姻和多年的工作经验与迟到呈负相关。罗斯和米勒（Rosse & Miller，1984）提出，迟到不仅仅是另一种形式的旷工，但这些实证发现并不能完全令人信服。阿德勒和戈兰（Adler & Golan，1981）证实工作满意度与迟到之间存在负相关关系（Adler & Golan，1981）。但是马丁和巴托尔（Martin & Bartol，1985）的研究结果并没有发现两者之间的关系。

情感倾向与员工的迟到和其他反生产力行为有关。具有较高正向情感的员工与迟到呈正相关，而与旷工呈负相关（Iverson & Deery，2011）。除了关于人口统计学数据、情感沉积与员工迟到之间关系的争论之外，本研究还探讨了员工的简历信息、个性特征、胜任力和员工行为匹配是否以及如何影响他们在工作场所的迟到行为。员工迟到是许多组织面临的绩效问题。一项针对美国2600名招聘经理、人力资源专家和3400名员工的全国性调查发现，16%的员工每周至少迟到一次。调查结果进一步显示，12%的员工每周至少迟到两次（Merritt et al.，2019）。常见的迟到原因包括交通、睡眠不足、儿童看护以及公共交通的延误等。员工的迟到可能会产生潜在的破坏性财务影响，因为组织会产生成本与福利、办公空间、管理费用、消耗品材料等相关的费用（Peters-Atkinson，2012）。此外，迟到可能会对员工士气和组织提供的服务质量产生不利影响（Hogan，2010）。迟到的员工会错过与他们工作职责相关的重要信息。一名员工的迟到可能会导致其他员工加班，从而产生更高的压力和更高的流动率。迟到的员工也可能没有足够的时间准备工作相关材料，这可能会降低服务质量。此外，不遵守规定的人员编制比率会使一个组织面临受到纪律处分的风险（Landau，1993；Newby & Robinson，1983；O'Brien et al.，1984）。菲努普等（Fienup et al.，2013）使用了改编版的功能评估访谈（O'Neill et al.，1997）来收集关于私人、人力服务组织内满足及时性的前因、后果和功能替代方案的信息。基于功能评估访谈的结果，研究人员实施了一项干预措施，包括提前通知会议时间以及督促员工准时到会等。虽然研究人员使用评估来预测所选择的干预措施，但经过调整的评估并没有验证其使用的方式。功能评估面谈通常用于确定问题行为的假定功能，而不是工作场所绩效问题。

在确定和实施干预措施之前完成工作人员级别的绩效评估可能有利于组织和组织行为管理（OBM）从业者，因为这有助于开发基于评估的方法。奥斯汀等（Austin et al.，1999）指出，与非基于评估的干预措施相比，这些干预措施的效果更快、更持久。目前研究已经开发了各种员工级别的评估，以确定维持工作场所绩效问题的变量（Wilder et al.，2018）。员工级别的评估包括 Kent 开发的问题诊断算法，贝利和奥斯汀（Bailey & Austin，2010）提出的简短算法，以及布利斯维（Brethower）的绩效系统分析工作表（Austin，2010）。流行的评估还包括绩效诊断检查表和 PIC/NIC 分析（Daniels & Daniels，2016）。卡尔等（Carr et al.，2013）修订了性能诊断检查表，以更好地符合人类服务设置的独特需求。绩效诊断检查清单—人力服务（PDC-HS）是通过访问一个员工的主管和直接观察员工行为的产物，以确定可能维持一个绩效问题的变量。卡尔等评估了 PDC-HS 在确定干预成分方面的有效性，结果表明，缺乏对参与者职责的适当培训和缺乏对绩效的反馈是导致参与者绩效问题的原因。鉴于工作人员迟到的潜在不利影响以及针对这一普遍问题的研究，仍然是一个重要的研究研究。

五、员工—组织匹配

菲利普斯和康奈尔（Phillips & Connell，2004）认为，减少离职率是企业最具挑战性的问题之一。更换离职员工的成本约为年薪的 1/5（Boushey & Glynn，2012）。根据工作研究所 2019 年的估算数据，更换成本高达年薪的 30%。流动率成本对于那些受到低留存率困扰的企业来说至关重要，如零售业（Harrison & Gordon，2014）。超市行业的高流失率和成本导致了较低的利润，有损客户满意度（Frank，2010）。劳动力流动在零售行业尤其重要，因为客户服务高度依赖于员工与客户和供应商互动的技能（Han et al.，2019）。在零售管理中，工作满意度是减少离职的一个重要前提（Lucas et al.，1990）。由于工作满意度与组织承诺、离职率和绩效的关系，工作满意度在零售业中尤为重要（Pettijohn et al.，2017）。然而，低员工承诺与零售业员工的离职意愿相关（Tang et al.，

2014)。零售工作环境的特点是工作时间长、工资低（Good et al.，1996），以及管理人员的恶劣对待和枯燥的日常工作（Broadbridge，2013）。然而，零售行业在为学生和青年提供就业机会方面发挥着重要作用（Oh et al.，2010）。任何提高工作满意度、组织承诺和员工保留的干预措施都对组织产生显著影响（Silverthorne，2014）。在招聘和选择阶段的可行方案是雇用的人员与组织和分配的任务之间的契合度（Sekiguchi，2014；Sekiguchi & Huber，2021）。

管理学者对人—环境（P-E）契合的概念越来越感兴趣，因为它已被证实会影响员工的态度和行为（Lauver & Kristof-Brown，2011）。许多行为和结果被归因于人与环境的契合（Bretz Jr & Judge，1994）。朗德和翠丝（Round & Tracey，2014）认为，职业行为的个人环境理论取代了特质—因素理论，成为探究的主导焦点。近年来，人—环境契合度一直是解释人们行为的重要科学和应用研究（De Cooman et al.，2019）。人—环境契合理论的基础可以追溯到皮尔森（Pearson，1909）的职业决策理论（Edwards，2008）。皮尔森的职业匹配模型要求了解自我，了解工作环境，并进行良好的匹配（Betz，2008）。契合度理论根植于列文（Lewin，1936）的理论基础，即人的行为是人与环境相适应的产物。契合度理论假设良好的契合度导致积极的工作结果，而糟糕的契合度导致消极的工作结果（Astakhova，2016）。

匹配模型一直是工业和组织心理学领域常用的模型（Kristof-Brown & Guay，2011）。佳吉（Judge，1994）将匹配描述为个体特征和环境特征之间的一致状态。P-E 契合度被定义为个体和工作环境之间的一致性，当双方特征很好匹配时就会出现（Kristof-Brown et al.，2005）。适合度的概念在管理和组织研究中被广泛采用，如战略管理（Ven-katraman & Camillus，1984）、战略人力资源管理（Wright & Snell，1998）、招聘与选择（Cable & Judge，1996；Werbel & Gilliland，1999；Swider et al.，2015），组织设计（Nadler & Tushman，1988），创造力（Livingstone et al.，

1997)、组织压力（Edwards & Cooper，1990；Yang et al.，2008）、人际冲突（Suls et al.，1998）和伦理（Valentine et al.，2002）。在职业（Holland，1985）和组织行为学（Nadler & Tushman，1980）的研究中，P-E 适合理论一直是主要的构建。P-E 是一个多维结构，因为它包括各种适合的维度（Jansen & Kristof-Brown，2006）。人—环境契合的五个最关键维度是人—工作契合、人—组织契合、人—群体契合、人—主管契合（Kristof-Brown et al.，2005；Su et al.，2015）和个人职业适合度（Holland，1985）。人—组织匹配和人—工作匹配是人—环境匹配结构中研究最广泛的理论（Sekiguchi，2004）。P-J 适合是指个人与特定工作的兼容性或匹配（Lauver & Kristof-Brown，2011），而 P-O 适合是个人与更广泛的组织属性之间的匹配（Carless，2015）。人—组织匹配被定义为组织的规范和价值观与人的价值观之间的一致性（Chatman，1989）。

研究者使用了不同的视角来概念化 P-J 和 P-O 契合度（Kristof，1996）。P-J 匹配被认为是当个人的需求/欲望与工作所提供的相一致时实现的匹配状态（Edwards，1991）。当个体在某些与他人具有相似特征的环境中增加附加价值时，就会出现补充契合（Muchinsky & Monahan，1987），而当个体的特征与环境的特征互补时，就会出现补充契合（Muchinsky & Monahan，1987）。从需求—供给的角度来看，当组织满足个人的需求，而人的能力符合组织对工作角色的要求时，就满足了需求—能力的匹配（Caplan，1987）。

工作态度、行为和结果是个体层面组织研究中研究最多的核心构念（Harrison et al.，2006）。匹配理论在研究中被大量用于预测员工的态度和行为（Resick et al.，2007；Taris & Feij，2001；Kristof-Brown et al.，2005），以及产生绩效等结果（Hoffman & Woehr，2006）。工作满意度、组织承诺和离职倾向在个人与组织的匹配中被广泛研究（Kristof-Brown et al.，2005；Verquer et al.，2003）。工作满意度最常用被定义为"工作一种愉快的情绪状态，来自于对工作的评价，以实现或促进实现自己的工作价值"（Locke，1969）。维斯（Weiss，2012）指出工作满意度要么被定义为情感，要么被定义为态度。态度视角在工作满意度的研究中占主导地位（Spector，1997）。斯伯克特（Spector，1997）将工作满意度定义为一种对工作的总体感觉，它的潜在含义是用人们喜欢或不喜欢自己工作的程度来衡量的（Griffin & O'leary-kelly，1995）。斯蒂尔斯（Steers，1977）将组织承诺定义为个体对特定组织的认同和参与的相对强度。然而，组织承诺的定义、概念化和测量还存在争议。梅耶和艾伦（Meyer & Allen，1991）提出了组织承诺的三成分模型，该模型将组织承诺定义为一种由欲望（情感性承诺）、需要（持续性承诺）和义务（规范性承诺）组成的心理状态。当组织承诺高时，员工的行为有利于组织效率（Randall et al.，1990）。研究表明，组织承诺比工作满意度更能预测员工离职（Porter et al.，1974）。然而，首尔和马丁（Shore & Martin，1989）指出，这并不适用于每个职业和行业。他们的研究结果表明，在银行柜员中，承诺是一个更强的离职预测因子，但在医护人员中则不是。随着人员流动成本的不断增加，组织承诺被认为是一个重要的员工素质，应该在员工中培养（Meyer et al.，1989）。贾拉米利亚等（Jaramilloa et al.，2005）对销售人员的承诺和绩效之间的关系进行了元分析。他们得出结论，组织承诺解释了工作绩效中约6%的差异，而非销售人员之间的关系较弱。工作满意度和组织承诺作为离职倾向的前因后果已被深入研究（Tett & Meyer，1993）。与组织研究中的其他概念相比，学者们对离职倾向的定义的理解更为深入。泰德和梅耶（Tett & Meyer，1993）将离职倾向定义为一种有意识地、故意地离开组织的任性。离职意向已成为管理学文献中最丰富的研究领域之一（Perryer et al.，2010）。

关于人员—组织（P-O）契合度的文献探讨了一致性（或契合度）对组织和个人属性及价值观的影响（Chatman，1996；O'Reilly，Chatman & Caldwell，1991）。P-O契合结构可以被描述为"当至少一个实体提供另一个实体需要的东西，或他们共享相似的基本特征，或两者都存在时，人与组织之间的适配性"（Kristof，1996）。人与组织的契合度可以定义为一个人在特定情况、组织或工作方面的直接属性的一致性（Chatman，1991；O'Reilly et al.，1991）。组织和个人价值观之间的一致性是这个结构的核心（Chatman，1989；Judge & Bretz，1992），这种一致性通常与员工的行为有关（O'reilly et al.，1991）。

P-O 契合构念可以被认为是主观的（个人对企业的感知与个人自身价值观的感知相匹配）或客观的（他人对企业的感知与个人自身价值观相匹配）（Kristof-Brown et al.，2015；Van Vianen & De Pater，2012；Verquer，Beehr & Wagner，2013）。P-O 的契合度可以进行直接测量（由个人根据自己符合组织价值观的程度进行评级），或者进行间接测量（由个人根据自己和企业的价值观进行评级）。

人—环境视角已被应用于组织设置的研究中（Terborg，1981）。如前所述，P-O 契合的概念化是基于员工的规范、信念、目标（Kristof-Brown et al.，2015）和与组织相关的价值观（Chatman，1989）之间的一致性水平。与不同的理论框架相比，P-O 契合的重要性是可以比较的，与认知失调相关的理论也是如此（Festinger，1957）。认知失调是指员工倾向于感知到自己持有的价值观和规范与组织的价值观和规范之间存在显著的不一致，这种不一致很可能导致消极的工作和组织结果。高度的职业与组织匹配可以满足人类的需求、偏好和愿望（Chatman，1989；Kristof，1996），从而产生积极的主观体验（Bande-Vilela et al.，2018），以及组织承诺、工作满意度和积极行为（Kristof-Brown et al.，2005；Verquer et al.，2013）。此外，价值不一致会影响员工的道德行为（Elango，Paul，Kundu & Paudel，2010；Liedtka，1989）。例如，利特卡（Liedtka，1989）认为，个人价值观或组织价值观的道德不一致不利于伦理决策。这与考虑组织和员工之间的价值冲突的概念是一致的，如不显著的整体 P-O 契合度可能会导致低道德行为。在应用社会学习理论（Bandura & Walters，1977）时，可以预估组织公正、价值观和实践是有效的。

职缺匹配是人事选拔程序和人力资源管理的一个重要方面。基于个人和组织的特点，P-O 契合有不同的定义方式和形式（Kristof，1996）。在人员选拔研究中，员工适合度的构建着重于候选人用来决定其他工作选择的合意性的特定因素（Cable & DeRue，2002）。克里斯托夫（Kristof，1996）将 P-O 契合定义为员工和组织之间在两种情况下的兼容性，即至少一个实体提供另一个实体的需要；或者这两个实体具有相似的基本特征。当求职者拥有共同的价值观时，他们更容易被企业所吸引。那些表现出高员工满意度的人比那些低员工满意度的人更容易被组织所吸引（Maurer & Cook，2011）。另外，企业试图保持员工和职位之间的良好匹配，因为很明显，某些人可以在某些职位上表现得更好（Caldwell，1990）。P-O 匹配是组织价值和个人价值之间的相似性（Chatman，1989）。组织文化和价值规范是一个群体的产物。虽然不是所有的团队成员都有相同的价值观，但大多数积极的成员都会认同主流价值观，并将其纳入组织的核心。所有小组成员都知道这些价值规范（Chatman，1989；Katz & Kahn，1978）。文化对未来员工与组织的匹配程度有着至关重要的影响（Rousseau，1990）。回归分析中 P-O 契合度的直接或间接测量通常用于检验 P-O 契合度与潜在结果之间的关系（Kristof-Brown et al.，2005）。契合度的直接衡量要求个体在目标或价值观等特征上对自己和组织之间的契合度进行评估（Meyer et al.，2015）。契合度的间接测量使用基于个人和组织特征的独立评级的拟合指数的计算，如相关性，或不拟合指数，如代数或平方差异得分（Meyer et al.，2010）。

个人和组织之间的价值观和优先级的良好匹配会产生更愉悦的工作态度，从而导致更高的员工保留率（Meir & Hasson，1982）。实证结果普遍支持员工个性与职业需求的一致性会产生积极影响，从而导致较低的离职率（Meir & Hasson，1982；Mount & Muchinsky，1978）。由于组织价值观是当前员工个人价值观的结合，因此了解员工的个性和价值观规范是很重要的。在人员选拔过程中，组织必须解决新员工和现有员工之间的文化和价值规范的最初匹配和契合（Sheridan，1992）。

人员选拔的本质是选择与组织价值观相兼容的文化和价值观的候选人，筛选出与组织价值观不兼容的个人。测量个人的人格特征、价值观、能力和动机可以预测他们在工作中的行为，因为这些因素相对稳定（Staw，1985；Weiss & Adler，1984）。查特曼（Chatman，2019）指出，与工作相关技能相比，招聘应注重个性特征，以确定候选人的文化和价值观如何匹配组织的价值观。招聘人员倾向于选择与当前组织中最有价值的员工特征更相似和兼容的个体（Rothstein，1980）。汤姆（Tom，1971）研究了人—情境互补性和P-O匹配的概念，发现了员工个性和组织形象在人事选择过程中的作用，认为员工的自我概念和他/她的组织形象之间的相似性或一致性越大，员工就越有可能留在工作岗位上（Tom，1971）。人们普遍认为，合作行为对团队合作至关重要，在当今的企业中发挥着更重要的作用。查特曼和巴斯德（Chatman & Barsade，1995）研究了个性、组织文化和合作之间的联系，发现在集体主义组织中，员工认为他们的同伴最合作，并且强调对团队的贡献比个人成就更重要（Chatman & Barsade，1995）。梅耶等（Meyer et al.，2010）发现，当首选的组织文化与感知到的组织文化相匹配时，员工就会对组织有更大的承诺和留在企业的意愿。本研究旨在开发一种方法，以选择与组织兼容性最强、最有价值的员工。

第三节　人员选拔措施的相关问题研究

一、作假问题

许多组织依赖自我报告工具的准确性，如个性评估、情境判断测试或简历信息问卷，以帮助人员选择。这些工具的使用得到了经验证据的充分支持，揭示了许多自我评估特征与一系列组织相关标准之间的实质性关系

（Barrick & Mount，2015；Judge & Zapata，2017；Van Iddekinge et al.，2011）。然而，在实践中的一个主要问题是，自我报告评估在本质上很容易"作假"。齐格勒、麦肯和罗伯茨（2011）将伪装定义为一种旨在提供自我描述的反应集，帮助个人实现其目标。当情境需求和个人特征激活该反应集，从而在测试分数上产生系统差异时，就会发生欺骗，而这种差异不是由兴趣属性引起的。个人可以很容易地扭曲对自我报告问卷的回答（Viswesvaran & One，1999）。作假可以破坏自我报告评估的标准相关效度，以及用该评估做出的选择决策的质量（Donovan et al.，2014；Mueller et al.，2013）。考虑到这些问题，研究人员和实践者的一项主要努力是设计出一种识别在工作申请过程中对自我报告评估作假的人的方法，或者对这种行为进行测量。

夸大（overclaiming）技术被认为是捕捉造假行为的一种方法。保罗赫斯及其同事首次以当代形式提出（Paulhus，2011；Paulhus et al.，2013）overclaiming 技术描述评估个人夸大或"夸大"他或她对给定领域的知识的倾向。表面上，overclaiming 问卷（OCQ）对受访者来说似乎是知识的自我报告测试，鉴于知识是未来工作成功的有效预测变量（Schmidt & Hunter，1998），受访者可能认为 OCQ 的目的是捕捉求职者的理想特征。因此，在完成 OCQ 时，求职者可能会夸大他们的知识水平，以达到作为理想候选人的目的。这种夸大的措施可能提供一种识别作假行为的手段（Feeney & Goffin，2015；Ludeke & Makransky，2016；Müller & Moshagen，2018）。

要了解在何种情况下求职者会夸大知识水平等作假行为，首先要了解作假的起源。在一项关于欺骗理论与期望理论的整合研究中，埃林森和麦可法兰德（Ellingson & McFarland，2011）提出，当满足三个条件，即高效价、工具性和造假预期，个体最有可能在自我报告评估中造假。效价指的是对成功伪装结果（例如，获得一份理想的工作）的预期满意度；工具性指的是人们认为作假可以增加获得这种结果的机会的程度；造假预期指的是受访者对自己有效伪装能力的信心。值得注意的是，上述造假甄别技术的研究是在实际的求职者样本或模拟的求职申请设计中进行的，其中与结果（假设的或其他的）相关联的效价可能很高。相比之下，对夸大技术和造假的研究通常使用 OCQs。

尽管有证据支持五大人格要素的预测有效性，但因为其对作假的潜在敏感性，人格量表在人员选择中的使用仍然受到质疑。通常情况下，这五大人格都是用单一刺激（SS）人格量表来衡量的。在这些清单中，个人必须分别对每一个陈述和其他陈述打分，表明陈述内容描述自己个性的程度。通常这种类型的测试呈现是/否、正确/错误或李克特量表的答案格式。一些学者指出，这种格式显示出回答失真的潜在敏感性。多元分析结果表明，如果个人有造假的动机，单一刺激人格量表可能会失真（Birke-land et al.，2013；Salgado，2012；Viswesvaran & Ones，2016）。作假行为被定义为一种个体倾向于以一种方式做出反应，这种方式将提供一种有利于评价过程的自我描述。因此，作假是一种对选择工具反应的有意扭曲，尤其是对人格问卷的反应。当重要的招聘决定采用单一刺激人格测量时，这一现象在应用环境中是一个严重的问题。

关于作假对人格测量的不利影响，大量研究表明作假会影响单一刺激人格量表的心理测量特性。首先，作假会增加单一刺激人格量表的分数，也会降低标准差的大小。在所有被调查的案例中，责任心和情绪稳定因素的影响程度更大。其次，作假导致可靠性下降。当作假发生时，测量的误差程度增加。因此，在作假条件下，单一刺激人格问卷的得分可信度较低。再次，由于分数的可靠性较低，单一刺激人格测量的预测效度也降低了。最后，实证证据表明，单一刺激问卷的构建效度（因子结构）也会受到造假、产生额外因子或减少因子数量的影响。

作假效应的心理测量理论是由萨尔加多（Salgado，2013）提出的，作为解释作假影响的理论框架。根据该理论，作假是误差方差的一个来源，这种行为产生了一种人为的样本均一化，导致分数增加，降低了标准偏差的大小，使个体获得的分数范围缩小。此外，作假的人为效应导致了人格工具的信度和预测效度的降低以及人格工具因素结构的改变。因此，如果作假影响了分数的大小、单一刺激测量的信度和效度，它将直接影响决策过程的准确性，从而使那些更好地扭曲自己答案的人在选择排名中获得更高的排位。因此，除了单一刺激人格调查之外，还应考虑其他选择，以减少作假对选择过程的影响。从这个意义上说，强迫选择（FC）问卷是评估人格的工具，能够更好地控制作假的影响。

在人格测试领域，除了传统的自我报告方法，还有许多其他方法可以帮助发现和减少虚假反应。回答顺序、耗时行为和对类似问题的一致回答将被用作测量手段。如果测试的两个部分存在矛盾，使用这种方法可以发现虚假动作。除了这些方法，人工智能在检测虚假反应方面也发挥着重要作用。康奈尔大学的研究人员开发了一款可以检测虚假评论的软件。这项研究结合了 400 条对芝加哥酒店的真实评论和 400 条虚假评论。结果显示，该软件的准确率达到了 90%，比以往研究的准确率有了巨大提升。在能力测试和性格测试中，假答案也很容易被人工智能检测出来。利德曼等（Richman et al.，2019）认为，与传统笔试相比，计算机测试在人格测试中失真更小。

另一种常用的检测作假的方法是情绪分析。在做决定的过程中，辨别人们的真实想法是很重要的。根据坎布里亚（Cambria，2013），情感分析是指利用自然语言处理、文本分析和计算语言学从原始材料中识别和获取主观信息，有助于确定人们的真实想法。情感分析旨在探究个体对特定话题的实际态度，分析可以分为四类：关键词识别、词汇亲和性、统计方法和概念级技术。关键词通过影响词来识别群组文本，如快乐、无聊、害怕或悲伤（Ortony，1990）。统计方法中经常使用一些机器学习方法，如潜在语义分析、支持向量机、"单词包"和"语义定向—点互信息"（Turney，2012）。概念级方法检测以低调方式表达的语义（Cambria & Hussain，2012）。开源软件工具使用机器学习、自然语言处理技术和统计学来自动执行情感分析。情感分析系统的准确性通常通过召回率和准确率来评价。一般来说，具有 70% 的准确率的程序可以像人类一样进行情感分析（Ogneva，2016）。

现有研究报告指出，在人事选拔测试中还可以使用"警告"作为解决作假问题的一种手段。德怀特和多诺万（Dwight & Donovan，2013）估计了预警在减少反应失真方面的有效性。他们发现，没有收到警告的求职者比收到警告的求职者有更高的预测分数，这证实了警告可以减少作假的发生率（Dwight & Donovan，2013）。当在选拔过程中使用非申请人数据时，作假的可能性降低了，这表明这种方法可以增加公平性（Berry & Sackett，2019）。

为了发现和防止人员选拔测试中的虚假反应，本研究采用了一种结合个人资料、性格量表和能力量表的动态网络测试。该动态测试基于项目反应理论（IRT）和计算机化自适应测试（CAT）设计，能够有效发现和防止不适当的反应，优化测试时间。

二、负面影响

负面影响是指在招聘、晋升或其他就业决定中，对种族、性别或族裔成员不利的选择率存在显著差异（Morris & Lobsenz，2010）。当少数群体成员相对于多数群体成员有不成比例的现象时，不利影响经常出现在人事选择决策中（Morris & Lobsenz，2010）。负面影响评估由各组织进行，以评估各分组在各种测试、程序和实践方面的选择率差异。检验具有不同人口特征的群体之间的选择率，是进行负面影响分析最常用的方法（Biddle & Morris，2011）。4/5 规则适用于选择比率，如果选择比率下降到80% 以下，则被认为是负面影响的证据（Newman & Lyon，2019）。

人力资源专业人士试图在选择质量和负面影响之间进行优化权衡。出现这一问题的原因是，许多用于就业前筛选求职者的人员选拔测试显示了大量的效应量，如按性别或种族划分的标准平均值差异，导致具有特定特征的不同求职者群体的选择率不一致。为了解决这一矛盾，研究人员提出了一些替代方案，如条形化、调整演示形式或测试内容、改变求职者/应答人员的态度和组内规范（Sackett et al.，2001）。另外，迪卡特等（De Corte et al.，2017）考虑使用选择预测因子的组合。这些选择预测因子具有不同的效应量，从而有助于在不利影响和选择质量之间实现更好地权衡。芬奇等（Finch et al.，2019）也研究了负面影响和预期绩效之间的权衡。具体来说，他们关注的是多阶段选择策略的平均绩效和负面影响之间的权衡，而不是单阶段选择策略。为了平衡这些权衡，研究建立了 43 种不同的多阶段选择策略模型。这些模型仍然显示，预期业绩的提高与少数族裔雇佣人数的减少有关。尽管如此，结果表明，某些多阶段策略在平衡性能和负面影响的权衡方面比其他策略更优。

负面影响在认知能力测试中尤其明显，而在人格测试中则不存在，因为这些测试不会产生有意义的亚组差异（Hough，1998）。因此，普洛伊哈特和霍尔茨（Ployhart & Holtz，2018）建议在人员选拔中同时使用认知和非认知预测因子，以实现多样性与有效性的平衡。他们认识到技术和非技术方面的表现有助于减少亚组差异和减轻负面影响。此外，使用替代预测测量方法，如简历信息，可以大大减少不利影响。谢泼德和詹宁斯（Sheppard & Jennings，1997）也证明了组合替代预测因子和认知能力的有效性超过了单独认知能力的有效性，并减小了亚组差异的大小。在他们的研究中，三个可选的预测因素包括个性、个人资料和结构化访谈。

为了优化多样性和绩效最大化之间的权衡，本研究采用多种人员选拔措施，其中包括认知和非认知预测因素，如人格特征和个人资料。此外，技术方面（如生产质量和效率）和非技术方面（如人际关系和适应）的绩效都包括在人员选拔措施中，进一步有助于减少不利影响。招聘大量的求职者，而不考虑他们的求职资格，会给组织带来很多问题。首先，需要良好的选拔程序，以区分合格的候选人和不合格的候选人。其次，增加了选拔成本，因为必须筛选更多的候选人。最后，如果在筛选过程中存在子群差异，可能会增加对受保护候选群体的负面影响，因为样本越大，差异越有可能具有统计学意义。如果一个组织无法在诉讼中为其招聘选拔程序辩护，则也会增加其财务责任（Campion，2015；Newman & Lyon，2019）。

第三章

企业人员选拔的有效性研究

本章讨论了在人员选拔实践中使用动态测试和计算机自适应测试（CATs）的优势和必要性。CAT 是一种动态测试，它充分利用了项目反应理论的发展，已经成为一种很有吸引力的职前测试方法。本章将说明动态测试的特点，特别是与传统的静态测试相比的优势。除了测试设计，本章还介绍了本研究的模型。

第一节　样本收集方法

一、动态测试

传统的人员选拔方法是通过入职考试、面试或其他招聘手段。然而这些方法不够有效，因为它们大多是静态的或主观的。静态数据不能完全证明事件的因果关系，因为所有事件都是不断演变的。个体的真实想法可能隐藏在动态信息中。此外，面试官的选择能力、经验和动机因个人而异，因此，很难实现一个适用于所有就业情况的标准化、公平和公正的措施。如今，市场营销和人力资源研究人员已经开始在新员工入职过程中使用动态调查，并从中受益。例如，进行动态测试已被证明可以提高问卷回复率。与使用传统的静态方法相比，被调查者倾向于在就业前测试中提供更准确和有用的回答。

灵活性意味着动态测试允许研究人员设计和创建一个灵活适应受访者答案的测试。一旦应答提交，测试系统就会掌握应答者的主要信息，并通过自然语言或其他人工智能程序进行分析。从本质上讲，动态测试根据每个被调查者的答案进行定制，从而提高了回复率和测量质量。

二、计算机化自适应测试与项目反应理论

不同于给每个考生相同的固定测试，CAT 的项目选择适合每个考生的能力水平。在每个回答后，考生的能力评估值被更新，随后的项目被选择在新的评估中具有最优属性。在比内特·西蒙（Binet-Simon，1905）的智力测试中，这些项目是根据心理年龄进行分类的，考官被要求根据被试之前对这些问题的反应推断出他或她的心理年龄，并根据他或她的估计来选择随后的问题，直到他或她的正确年龄能够被充分确定。事实上，适应性测试的思想与传统面试非常相似。好的面试官总能够根据他们对考生知识水平的印象来调整他们的问题。

项目反应理论（IRT）在 20 世纪中叶的发展为 CAT 提供了良好的心理测量基础。IRT 的主要特点是它对反应行为的建模与生成不同参数的考生的能力和项目的特点。由于这种参数分离，最优项目参数值的问题与估计考生的能力变得相关。伯恩鲍姆（Birnbaum，1968）证明，除非有猜测的可能，最优的项目是项目辨别参数的最大值，难度参数的值近似于考生的真实能力水平。

由于第一代计算机速度很慢，而且不允许进行实时能力评估，早期的

研究几乎完全是针对寻找可以在传统的纸笔环境中实现的近似或替代格式，包括两阶段测试格式（Cronbach & Gleser，1965），贝叶斯（Bayesian）的项目选择与能力参数的后验分布近似（Owen，1969），项目选择的上下方法（Lord，1970），罗宾斯·蒙罗（Robbins-Monro）算法（Lord，1971），柔性水平测试（Lord，1971），层适应测验（Weiss，1973）和金字塔适应测验（Larkin & Weiss，1975）。随着实施 CAT 所需的心理测量技术的进一步发展，功能更强大的计算机的出现，计算机辅助测试在大规模高风险测试程序中的应用变得可行。然而，随着从传统纸笔考试到 CAT 考试的转变，推出了 CAT 版本的执照考试（NCLEX/CAT），随后又推出了 CAT 版本的研究生入学考试（GRE）。从那时起，许多其他大规模的测试项目接踵而至。目前，大多数大规模的测试程序要么已经计算机化，要么正在计算机化的过程中。

早期改用计算机考试管理的一些原因是：（1）计算机辅助考试使学生能够根据自己的方便安排考试；（2）与大规模的纸笔考试相比，考试在更舒适的环境中进行，周围的人更少；（3）考试数据电子化处理和成绩上报更快；（4）更广泛的问题和测试内容可以使用。

计算机化自适应测试（CAT）的目的是为每个考生构建一个最优的测试。为了达到这一目的，在考试过程中估计考生的特质水平（θ），并从题库中选择适合考生特质水平的项目。根据项目反应理论（IRT）模型，选择项目来匹配被试的估计 θ，IRT 模型假设描述被试的反应行为。与笔试不同，不同的考生可以接受不同时间长度的测试。

自 20 世纪 70 年代和 80 年代开始进行 CAT 研究以来（Lord，1971，1977；Weiss，1982，1983），其他相关研究激增（如 Drasgow & Olson-Buchanan，1999；Sands，Waters & McBride，1997）。目前的研究包括题库开发、试题选择程序、特征估计程序以及与之相关的测试安全性、测试分数的信度等。在美国，已经有部分考试有可操作的 CAT 版本，例如，研究生入学考试和计算机化的大学入学考试。一些执照颁发委员会也实施了

CAT 版本的测试，包括国家护理委员会理事会和国家法医委员会。此外，美国国防部已经实施了 CAT 版本的武装部队职业能力倾向组（ASVAB；Sands et al.，1997）。CAT 在许多国家越来越受欢迎，例如，在荷兰，国家教育测量研究所（National Institute for Educational Measurement）最近发布了两种 CAT，一种用于给考生分配不同程度的数学课程，另一种用于评估特定数学课程的成绩。

CAT 与传统笔试相比有几个优点，更短的测试、更高的测量精度、按需测试以及即时测试评分和报告等。然而，开发 CAT 测试的初始成本很高，需要大量的财政和人力资源来安排和组织 CAT 测试。在许多情况下，需要复杂的技术、经济和政治调整，这些调整可能产生无法预见的影响（Sands et al.，1997）。例如，尽管测试安全性最初似乎是 CAT 的最大优势之一，但这也成为了它的主要问题之一。项目库需要不断更新，以确保项目和测试的安全，这大大增加了实施可操作 CAT 的成本。尽管 CAT 应用程序仍存在一系列问题，但它们的优点大于其弊端。

进行动态调查需要技术支持，以便更有效和准确地收集评估数据。如前所述，技术支持的评估提高了测量结果和有效性的一致性。计算机考试之所以有吸引力有以下几个原因。首先，它可以提高管理效率，因为管理考试的计算机可以评分、报告和打印分数，并详细记录考试期间发生的所有事件。其次，心理效率是计算机化考试的另一个优势，尤其适用于计算机辅助考试。具体来说，CAT 为用户提供了在不牺牲测量精度的情况下缩短测试时间的选择，以及在不增加测试长度的情况下提高精度的选择。另外，计算机测试还能够扩展测试内容，其中可以包括听觉甚至是互动视频的内容，而不只是书面说明。最后，计算机可以作为一种媒介来衡量认知能力的各个方面，而传统的笔试无法评估这些方面（Hakel，2013）。总之，计算机评估的好处包括速度、客观性、可靠性和效率等。

许多大型国际组织，如 IBM、福特、美国电话电报企业、宝洁企业和国防部，目前都在人事选拔中使用计算机测试。坎特罗维茨等（Kantrowitz et al.，2015）认为 CAT 是职前测试中最有前途的方法之一，有助于支持组织需求，同时保持选择过程的完整性和安全性（Kantrowitz et al.，2011）。CAT 已被应用于认知能力、知识、人格特征等方面。此外，CAT 能够根据考生的特质水平选择和管理项目，具有大量项目和节省时间的潜力（Simms，2012），这已被视为满足招聘评估需求的有效方法。大多数 CAT 被用作衡量被调查者能力和知识的工具，以选择最有能力的候选人。被调查者的能力或特质水平与测试内容无关，这与传统测试的情况有很大的不同（Lord，1968）。CAT 是子类型的电脑测试计算机的速度和灵活性相结合的评估与提供的功率和效率项目反应理论（IRT）（Simms，2012）。管理量身定制的能力测试的主要区别是 CAT 和其他类型的计算机评估。测试始于一个中等难度题项，即接近中间的 θ 分布构造被评估，然后在 CAT 题库中基于项目反应理论模型挑选下一个题项，以监测被试者的行为（De Ayala，2013）。在被试者作答后，CAT 模型根据最近的管理项目预测出一个新的 θ 值。然后，自适应算法将使用该值从题库中选择下一个题项。整个过程的最终目标是选择能够最大限度地反映被调查者能力信息的题项。在此过程中，CAT 为被调查者提供了一个难易适中的测试，因为每个测试项目都是根据被调查者之前的答案选取的。

CAT 通过使用由大量数据和大量题库支持的复杂算法来提供适合每个候选人的测试（Kantrowitz et al.，2011）。具体来说，IRT 已被广泛采用为 CATs 的基础模型。它有助于预测正确答案的概率，并选择下一个项目的受访者回答（Marinagi，2017）。在一个典型的基于 IRT 的 CAT 中，评估候选人的能力或个性特征水平，从题库中选择一个题项的过程，以及终止测试的规则是三个关键且相互关联的元素（Waller，1989）。首先给出了一个中位数特质水平，计算机系统给第一项打分，并计算出一个估计的特质等级。如果终止规则不被满足，系统将选择下一个题项，直到满足终止规则，整个过程才会停止。

CAT 的其他优点同样值得注意。格林（Green，1983）提出了使用

CATs 相对于传统笔试的优势，例如，提高了测试的安全性，对应答者来说有适当的难度水平，即时评分，改进了对项目的重新测试，更容易消除错误的项目，以及实施更广泛的问题、刺激和反应类型的能力。除了这些优势之外，麦克洛伊和吉比（McCloy & Gibby，2011）还补充了其他方面的优势，即 CAT 测试显示出更高的准确性，需要提高分数，需要最少的持续维护，方便无监督的互联网测试，以及减少对考生准备的影响等（Tippins & Adler，2018）。

此外，与通常只涉及一到两种测试形式的传统人格测试相比，CAT 提高了测试的安全性，防止了测试对象暴露在重复的问题中（Guo，2019）。这种曝光控制能够限制题项呈现给不同职位候选人的频率，从而确保项目不会过多重复。此外，使用 CAT 可以减少测试时间，可以测量更多维度（Drasgow et al.，2012）。在认知能力测试中使用基于 CAT 的测量方法也具有优势，如项目的动态呈现，减少现场测试时间，提高所有能力水平的测量精度，并减少作弊的担忧等（Kantrowitz et al.，2011）。CAT 在认知能力测量方面的优势也可以应用于人格测试中。事实上，近年来人格测试与工作绩效之间的关系受到了质疑。基于 CAT 的人格测试显示出了比传统人格测试更有效的预测性能（Kantrowitz et al.，2011）。贝蒂等（Beaty et al.，2011）检查了无监督互联网测试（UIT）的标准相关有效性，并发现在有监督和无监督环境下进行的测量具有相似的有效性。尽管有其优势，但辅助检测也面临一些挑战，例如，与传统检测相比成本更高、数据分析要求、获得紧急救援技术专长、持续维护、应答者和客户的看法以及法律影响。

IRT 旨在分析和测量态度、能力、个性或测试和问卷中的其他变量。它假设每个项目的难度都不一样，这与李克特缩放的假设不同。此外，IRT 在其缩放过程中考虑了每个项目的难度。项目特征曲线描述了特定项目反应概率对潜在特征（θ）的回归由项目参数定义。双参数模型包括项目识别和项目难度。项目难度的高值"与背书概率低的项目相关联"，这意味着项目反映了更高的难度或更高水平的特征。坡度反映了项目的难度水平（Simms，2002）。坡度越陡，区分能力越强。

CAT 最近已被用于各行业的职前测试。已有不少研究探讨了人格特质数据应用于 IRT 分析的模型—数据拟合问题。例如，赖斯和沃勒（Reise & Waller，1990）研究了多维人格量表得分的单参数模型（1PL）和双参数模型（2PL）的模型—数据拟合，发现 2PL 模型对数据拟合较为合适。

双参数模型公式如下：

$$Pi(\theta) = \frac{e^{Dai(\theta - bi)}}{1 + e^{Dai(\theta - bi)}} \tag{3.1}$$

在一个给定水平下对一个题项作出关键反应的概率在一个给定水平下，θ；$Pi(\theta)i(\theta)\theta$ 是影响测试性能的连续潜在特征；a 是项目的区分参数；bi 为题目难度参数；Di 是一个比例常数，通常设置为 1.7，以使模型接近正常的累积曲线（Ogive）函数（Simms，2002）。

CAT 需要终止规则来停止测试。常用终止规则包括：（a）在管理一个预先确定的项目，（b）后特征估计的标准误差低于先前指定的限制，（c）合理的信息项为给定的考生后不再存在或（d）满足终止规则（Simms，2005）。在本研究中，当测量误差和求职者的性格分数低于可接受的阈值时，或直到管理了特定数量的问题时，才采用终止规则。

为了提高管理效率，同时也为了提供问卷的简写形式，本研究采用 CAT 对求职者的人格特质进行测量。因此，HEXICO 的 100 个问题将减少到 25 个左右，为参与者提供了更短的问卷而不牺牲测量的精度。

第二节　模型构建

本研究的主要目的是根据不同职位的不同任务要求对求职者进行分类，并找出最匹配的个人来填补工作岗位。本研究建立的模型旨在提高员工保留率和企业绩效。员工忠诚度是影响离职意愿和实际离职的主要因素之一（Campion，1991）。与传统的影响员工自愿离职的因素的观点相反，米切尔等（Mitchell et al.，2011）提出一些与工作无关的因素也可以使员工留在工作岗位上。关于工作保留的传统研究通常集中在工作本身，如果人们喜欢他们的工作，他们更有可能对组织忠诚，也相信组织对他们忠诚。然而，一些科学和实践性文献表明，其他因素，如社区承诺和工作嵌入性，也可能影响个人对组织的忠诚，从而影响员工的保留决定。每个人都生活在一个社会网络中，而一个人的工作位于这个网络的中心。网络的紧密性或嵌入性的质量是工作保留的重要决定因素。性格和文化价值观相似或相容的人倾向于彼此建立和保持更紧密的网络。因此，选择与企业现有成功员工性格相似或契合的求职者是留住员工的典型策略。

文化价值是影响保留率的另一个重要因素。更好地融入企业的组织文化会产生更高的保留率。谢里丹（Sheridan，1992）提出文化价值观对新员工的保留率有显著影响。组织文化价值观也影响员工工作绩效与保留率之间的关系。因此，雇佣与现有优秀员工具有相似或兼容的文化价值观的新员工可以提高保留率。工作成果也取决于员工的履历信息和能力。简历信息被广泛应用于人员选拔，因为过去的绩效是未来绩效的最佳指标。简历信息测量已被证明是一种很好的选择工具（Cucina et al.，2012）。胜任能力不仅包括个人的知识、能力和技能，还包括员工的价值观、动机和其他个人特征。所有这些都有助于员工获得成功和提高企业业绩。虽然认知能力对组织来说至关重要，但招聘人员也需要考虑求职者的能力，以及他们的技能和能力如何匹配组织的需求。

在考虑到这些影响工作场所结果的重要因素时，本研究估计了员工的个性特征、能力、P-O 契合度与工作绩效、离职意向、旷工和迟到等工作场所结果之间的联系。这些工作场所的结果是否或如何受到这些员工特质的影响可以被验证。基于这些工作成果和其他几个 P-O 匹配指标，培训集被分为两组：最有价值员工和平均贡献员工。根据员工的工作成果，可以使用 DEA 模型对最有价值员工进行评估和选择。Naïve 将使用贝叶斯分析来验证分类的准确性，并进一步筛选员工。本研究建立的模型对人员选拔实践具有重要的现实意义。

第三节　假设的提出

如果人格特质在正确的环境中得到准确的评估，那么人格量表与工作结果之间就有显著的关联。一些研究已经检验并证实了员工人格特质是工作场所行为的重要决定因素（Chatman & Barsade，1995；Staw，1985）。工业/组织（I/O）心理学家认为人格问卷是工作绩效的替代预测因子（Hakel，2013）。一些实证证据表明，人格量表在绩效预测方面比一般认知能力更有效（Schmidt，1998）。萨尔加多（Salgado，2013）发现责任心和情绪稳定性比其他人格因素具有更大的效度。许多研究表明，性格测试与员工契合度之间存在积极而显著的关系。性格测试也能将离职率从20% 降低到 70%（Rothstein，2016）。戈尔茨坦等（Goldstein et al.，2010）认为认知能力和责任心分数是表现的有效预测因子。基于这一领域的现有研究，至少有一种个性特征应该与工作结果有显著的关系。

假设 1：至少有一个人格因素与以下工作结果之一有显著关系：工作绩效、离职倾向、缺勤和迟到。

个人能力调查直接搜索与绩效相关的关键因素（Cooper，1995）。胜任能力不仅包括个人的知识、能力和技能，还包括员工的价值观、动机和其他个人特征。所有这些属性有助于成功的成员和企业业绩。有些人可能有丰富的知识，但这并不意味着他们有能力应用他们的知识。工作能力可以帮助将员工的技能和行为与企业的战略计划联系起来。因此，工作能力与工作绩效、离职倾向、缺勤和迟到之间存在显著的关系。

假设2a：工作能力与工作绩效显著相关。

假设2b：工作能力与离职倾向显著相关。

假设2c：工作能力与员工缺勤显著相关。

假设2d：工作能力与员工迟到显著相关。

职缺匹配是人事选拔程序和人力资源管理的一个重要方面。个人和组织之间的价值观和优先级的良好匹配会导致更快乐的态度，从而产生更高的保留率。实证结果支持员工个性与职业需求的一致性会产生积极影响，从而导致低离职率的假设（Meir & Hasson，1982；Mount & Muchinsky，1978）。P-O契合对工作场所结果的显著影响源于两种社会心理机制（Oh et al.，2014）。其中之一是相似—吸引假说，该假说认为"拥有相似价值观的个体倾向于在认知过程和解释事件的方法中拥有共同的方面，这些方面有助于他们减少不确定性、刺激过载、歧义、冲突和其他工作互动中的负面特征"（Byrne，1971）。另一个社会心理机制是费斯廷格（Festinger，1957）的社会比较理论，其基本思想是，个人"寻求对其价值观和能力的认同"。此外，社会认同理论（Reynolds et al.，2013）认为团队中个体之间的相似性会引发一种社会认同和归属感，从而对团队产生积极影响。

假设3a：P-O契合度与工作绩效显著相关。

假设3b：P-O契合度与离职倾向显著相关。

假设3c：P-O契合度与员工旷工显著相关。

假设3d：P-O契合度与员工迟到显著相关。

劳动力已经高度全球化，因此，在美国和中国数据之间的不同关系中，调查民族文化也是非常重要的。霍夫斯泰德（Hofstede）的文化维度被广泛应用于各种跨文化研究中，包括权力距离维度、个人主义—集体主义维度、不确定性规避维度和男性气质—女性气质维度（Hofstede，1984）。

在高权力距离社会中，员工更有可能受到主管权力的约束，主管负责执行诸如缺勤和迟到规定等政策。员工会避免从事被认为是越轨的反生产力行为，这是为了尊重等级制度，表现出对上司的尊重。相比之下，在低权力距离社会中，员工与上司的关系预计会更加灵活。由于监督控制，员工可能不会感到按时上班的压力（Parboteeah et al.，2015）。因此，权力距离可能会调节中美两国员工在工作成果方面的关系。

个人主义与集体主义是另一个文化维度，侧重于管理个人和群体之间关系的价值观。在个人主义社会，人们强调个人成就、自由和竞争的价值。另外，在集体主义社会中，个人强调群体的和谐、凝聚力和共识（Hofstede，1984）。人们对他人的态度取决于他们的群体成员身份。他们倾向于遵循有利于群体利益而非自身利益的规范和价值观。个人主义是指强调独立和个人成就的自我导向文化，集体主义是指重视群体凝聚力和群体利益的群体导向文化（Hofstede & Hofstede，2001）。美国是典型的个人主义文化，个人利益受到高度重视（Hofstede，1984；Hofstede et al.，1991）。中国是一个典型的集体主义国家，强调集体利益和和谐（Hui & Triandis，1986）。贾拉米洛等（Jaramillo et al.，2015）认为，集体主义文化中的个体将组织视为他们认同的内群体，因此愿意为内群体成员的利益而自我牺牲。因此，一个国家的个人主义指数影响员工承诺和工作绩效之间的关系。

影响两国关系的另一个文化维度是不确定性规避，该维度指的是一个社会对不确定性和模糊性的容忍度（Hofstede，1984），反映了一种文化对歧义的容忍程度。在不确定性规避程度高的国家，人们倾向于用规范、规则和法律来回答问题，以减少歧义，尤其是在面临未知情况时。相反，低不确定性规避文化更可能容忍不确定性和非结构化的情况。在低不确定性文化中，对企业的忠诚并不是一种美德，必要时员工可能会违反规则（Hofstede & Hofstede，2001）。在高度不确定性规避的社会中，个人经常采用规则和规范来管理不确定的情况。在这些国家，个人更有可能意识到缺席和迟到政策，其后果可能会被知道和受到惩罚，导致员工表现出较低的反生产力行为。相反，在低不确定性规避的社会中，对于旷工的不确定性可能普遍存在，员工更有可能出现更频繁的旷工和迟到现象（Parboteeah et al.，2015）。因此，不确定性规避与工作场所的某些反生产力行为，如旷工、迟到，可能存在负相关关系。

中美两个国家的文化差异可能会导致两国样本在工作绩效、离职倾向、旷工和迟到的各自关系上存在显著差异。自我概念的三部分模型包括个人（独立自我）、关系自我和集体自我（相互依赖自我），这有助于理解为什么 P-O 契合在美国比在中国更为突出（Brewer & Gardner，1996）。独立自我关注的是"独特属性的表达和群体内凝聚力的提升以及群体目标的提升"（Li & Cropanzano，2019），而关系自我和相互依赖自我则关注"维持关系和谐、促进群体内的凝聚力和促进群体目标"（Brewer & Chen，2007）。帕博提亚等（Parboteeah et al.，2015）基于霍夫斯泰德和全球文化维度，从跨文化视角考察了员工旷工现象。他们认为，由于民族文化为行为创造了障碍条件，在民族文化中根深蒂固的不同的价值观、信仰、观念、态度和道德指导个人哪些行为是可接受的，哪些是不可接受的。欧等（Oh et al.，2014）比较了 P-O 契合在不同的国家和环境特征，发现内群体和机构集体主义、权力距离的差异有助于解释文化差异对 P-O 契合的影响。他们还发现，在北美地区，员工工作满意度是员工离职倾向的最重要因素。事实上，在个人主义程度较高的国家，人员流动率要高于其他国家。然而，他们的研究结果表明，在北美和东亚地区，人力资源契合度并不是影响工作绩效的重要因素。除了文化差异，国家经济增长、家庭基础设施支持和社会福利拨款因素等，显著影响美国和中国的研究结果之间的关系（Addae & Johns，2012）。

假设 4：中美两国样本在工作绩效、离职倾向、旷工和迟到的关系上存在显著差异。

第四节　研究流程与变量的测量

应聘者的个性特征、能力和职业发展的契合度是决定他们未来职场行为和结果的关键因素。因此，对这些存货进行准确地计量是人员选拔过程中的第一步。然后，求职者将被分为最有价值员工和平均贡献员工。当然，分类结果的准确性还需要验证。

关于企业人员选拔的有效性研究的方法主要分为三个阶段。第一阶段包括数据收集和预测指标与四个主要工作场所结果之间的关系分析。被证明对工作场所结果有显著影响的预测措施被用作第二阶段的筛选标准，该阶段侧重于基于 DEA 的选择过程。然后，使用朴素（Naïve）贝叶斯分析来验证分类结果的准确性，并进一步选择最有可能成为最有价值员工的职位候选人。

参与调查的员工完成了一项基于网络的计算机化自适应测试，其中包括人格特征测试、工作能力测试、职业胜任度测试、履历信息、工作表现、离职意向、旷工和迟到。本研究中的预测指标包括三个子测试，评估参与者的个性特征、工作能力、职业适合度以及他们的个人资料。

一、对人格特质的测量

一些研究已经检验并证明了人格特质是工作场所行为的重要决定因素（Chatman & Barsade，1995；Staw，1985）。工业/组织（I/O）心理学家认为人格问卷是工作绩效的替代预测因子（Hakel，2013）。一些经验证据表明，人格量表在绩效预测方面比一般认知能力更有效（Schmidt，1998）。

一些人格特征模型已经被开发并被广泛使用。人格五因素模型（FFM）描述了五大人格特质，用来说明人类人格的五个维度。这五个因素包括开放性、尽责性、外向性、亲和性和神经质（Costa & MacCrae，1992）。研究人员还发现了一些特定的因素，如"合群性、自信、寻求兴奋、温暖、活跃和积极情绪"（Matthews，2013）。萨尔加多（Salgado，2013）提出，与非 FFM 量表相比，FFM 量表中的责任心和情绪稳定性具有更大的效度。因此他建议从实际的角度来看，招聘人员应该使用基于 FFM 的库存来做出更好的人员选拔决策（Salgado，2013）。在 FFM 发展之前，很少有证据表明人格构面在人员选拔中的有效性，尽管研究者在许多不同的职业中使用了不同的人格测量方法和不同的绩效标准（Rothstein，2006；Schmitt et al.，1984）。如巴里克和芒特（Barrick & Mount，1991）在该领域进行了文献综述，得出了较低的效度水平。他们发现，几乎没有证据表明人格调查在预测工作表现标准方面的有效性。另一个需要考虑的问题是跨国人格规范。巴特拉姆（Bartram，2018）进行了一项关于人格量表的国际研究，比较了来自不同文化和国家的员工。结果表明，国家间和语言间的平均分数差异通常较小，小于那些通常与其他因素有关的差异，如性别。因此，一套标准人格量表的应用不会对该领域的国际研究造成问题。

　　研究者和人力资源专家使用人格量表来评估求职者对招聘职位的适应性。许多研究表明，性格测试与员工契合度之间存在着积极而显著的关系。性格测试也能将离职率从 20% 降低到 70%（Rothstein，2016）。戈尔茨坦等（Goldstein et al.，2010）认为认知能力和责任心分数是表现的有效预测因子。当人格量表被广泛接受时，人格量表在招聘决策中的有效性得到了验证。此外，罗斯坦和戈芬（Rothstein & Goffin，2016）认为人格与工作绩效之间的关系受到多种调节者和中介者的影响。研究者和人力资源专业人员需要考虑与工作、职业和组织相关的情境因素和其他情境因素（Rothstein & Goffin，2016）。罗斯坦和捷力（Rothstein & Jelly，2013）认为人格可能通过许多不同的中介变量间接影响工作绩效，如目标设定行为和认知—动机性工作取向。此外，组织公民行为、退缩行为和其他特定的绩效维度可以由五大特征的特定子集更好地预测（Hough，2015）。

　　除了大五人格测试，明尼苏达多项人格量表（MMPI）也被广泛接受作为一个个体的精神病理和人格的测试（Camara，2000）。2008年，MMPI－2被重组为MMPI-2-rf，保留了传统MMPI评估策略的一些主要成分，但在人格测试开发中采用了不同的理论方法。

　　为了克服传统长形人格量表的缺点，唐纳兰等（Donnellan et al.，2006）在国际人格项目库—五因素模型（IPIP-FFM）的基础上开发了Mini-IPIP，评估了"外向性、宜人性、自知性、神经质性、经验开放性和诚实—谦逊"。Mini-IPIP只包含20个项目，已经表明可以提供一个令人信服的精确测量主要人格领域（Sibley，2012）。另一项研究通过大样本调查了这个简短的六维人格量表的稳定性。结果表明，所有六个人格维度都非常稳定（Crede，2012）。唐纳兰等（Donnellan et al.，2016）发现，相对于较长形式的大五人格测试，Mini-IPIP量表结合了较长形式量表的低错误率和短形式量表的实用性。

　　另一个人格量表，HEXACO人格量表，是由李和阿什顿（Lee & Ashton，2013）开发的。它包括6个领域级别的量表，即"诚实—谦逊、情绪性、外向性、亲和性、尽责性和开放性"（Lee & Ashton，2002）。该量表受五大人格的影响，每个领域都有一系列子维度。例如，诚实—谦逊领域包括真诚量表、公平量表、避免贪婪量表和谦虚量表。HEXACO模型已经被证明在预测一些工作场所行为方面远远优于大五人格测试模型，例如违法行为和诚信，因为它包含了第六个诚实—谦逊维度。对HEXACO人格量表的描述如附录A所示。李等（Lee et al.，2005）发现，这个额外的人格维度对几种工作场所行为的预测力比五大测量中的任何一个都更强。阿什顿和李（Ashton & Lee，2007）认为，HEXACO量表比大五人格测试更优，这说明了它在跨文化研究中的优越性。HEXACO人格量表的六个维度如表3－1所示。

　　本研究采用HEXACO人格量表。在美国的样本中，诚实—谦逊、情绪性、外向性、亲和性、尽责性和开放性的 Cronbach alpha 值分别为 0.958、0.960、0.968、0.966、0.977 和 0.965（N = 155）。对于中国样本，这些人格量表的 Cronbach's alpha 值分别为 0.959、0.983、0.963、0.980、0.976 和 0.969（N = 97）。

表 3 -1　　　　　　　　　HEXACO 人格量表的描述

量表名称	题项数量
诚实—谦逊	
真诚	4
公平	4
避免贪婪	4
谦虚	4
情绪性	
恐惧	4
焦虑	4
依赖	4
多愁善感	4
外向性	
社会自尊	4
社会的勇气	4
社交能力	4
活泼	4
宜人性	
仁慈	4
温柔	4
灵活性	4
耐心	4
责任心	
组织	4
勤奋	4
完美主义	4
谨慎	4

量表名称	题项数量
经验的开放性	
审美	4
爱打听别人隐私	4
创造力	4
异常	4
利他性	4

二、对胜任能力的测量

个人能力调查直接搜索与绩效相关的关键因素（Cooper，1995）。胜任能力不仅包括个人的知识、能力和技能，还包括员工的价值观、动机和其他个人特征。所有这些属性有助于成功的成员和企业业绩。有些人可能有丰富的知识，但这并不意味着他们有能力应用他们的知识。能力在工作场所起着至关重要的作用，例如，管理者需要考虑员工的基本因素来实现企业的使命。能力有助于将员工的技能和行为与企业战略计划联系起来。本研究不使用一般心理能力（GMA）量表，而使用能力量表的原因有两个：一是不容易获得用于研究的 GMA 数据；二是 GMA 得分高的员工可能对自己的工作并不投入，导致绩效差异。

在人员选拔中广泛采用基于能力的方法对组织发展的几个方面产生了有益影响，特别是在招聘和其他人力资源活动中（Cooper，1995）。杜勒维兹（Dulewicz，1989）提出了一套通用的胜任能力，分为四大类：知识—战略视角，分析和判断，计划和组织；人际关系—管理人员，说服力，魄力和决断力，人际敏感性和口头沟通；适应性——适应性和弹性；结果导向—精力和主动性，成就动机和商业意识。该研究还表明，能力对于组织的成功绩效很重要（Dulewicz，1989）。巴托姆（Bartram，2005）提出了八大能力，包括"领导与决策、支持与合作、互动与呈现、分析与诠释、创造与概念化、组织与执行、适应与应对、进取与表现"（Bar-tram，2005）。证据表明，测试中使用的能力维度越多，决策者的判断就越不准确（Gaugler，1989）。因此，能力测试应该包括更少的维度。

认知能力对组织来说至关重要，但招聘人员也需要考虑求职者的胜任能力，以及他们的技能和能力如何匹配组织的需求。人员选拔和招聘程序需要与具体职位和业务战略之间建立明确的联系。所有的人力资源行动都应由企业战略决定，人员选拔也不例外。人力资源专业人员应该明确关键能力的短缺，并试图弥合业务目标和人才技能之间的差距（Ray et al.，2012）。招聘程序应符合企业的核心业务战略，以吸引合适的候选人来协助企业的业务战略。

哈佛的能力量表包括综合的能力测量。该量表不仅包括工作知识和技能，还强调了结果交付、沟通技能、团队合作和拥抱变化的重要性。因此，本研究采用了该综合合理的胜任力量表。美国样本的 Cronbach's alpha 值为 0.698（N = 155），中国样本的 Cronbach's alpha 值为 0.862（N = 97）。

三、员工—组织（P-O）契合度的测量

职缺匹配是人事选拔程序和人力资源管理的一个重要方面。企业试图保持员工和职位之间的良好匹配，某些员工在某些职位上比在其他职位上表现得更好（Caldwell，1990）。P-O 契合是组织价值观和个人价值观之间的相似性（Chatman，1989）。组织文化和价值规范是一个群体的产物。虽然不是所有的成员都有相同的价值观，但大多数积极的成员会同意主流价值观，所有组织成员都知道这些价值规范（Chatman，1989；Katz & Kahn，1978）。文化对未来员工与组织的匹配程度有着至关重要的影响（Rousseau，1990）。相关或回归分析中 P-O 契合的直接或间接测量通常用于检验 P-O 契合与潜在结果之间的关系（Kristof-Brown et al.，2015）。契合度的直接衡量要求个体在目标或价值观等特征上对自己和组织之间的契合度

进行评级（Meyer et al., 2010）。拟合的间接测量使用基于个人和组织特征的独立评级的拟合指数的计算，如相关性或非拟合指数，如代数或平方差异得分（Meyer et al., 2010）。

在这项研究中，使用了三个问题来衡量员工满意度："我非常适合这家企业""我的价值观与企业现有员工的价值观一致"，以及"当你在工作中没有机会实现与工作相关的个人目标时，你经常感到沮丧"（Cable & Judge, 1996; Piasentin & Chapman, 2007）。美国和中国样本的 Cronbach's alpha 值分别为 0.804（N = 155）和 0.804（N = 97）。

四、工作结果的测量

本研究包括四个标准测量，分别是工作绩效、离职倾向、旷工和迟到。工作绩效是本研究中获得的主要衡量标准，它描述了员工在组成标准工作要求的具体任务中的表现。本研究使用的工作绩效量表包括主管评价、生产质量、生产数量和效率，以及员工在工作场所的适应性和灵活性。美国样本和中国样本的 Cronbach's alpha 值分别为 0.883（N = 155）和 0.856（N = 97）。

离职意向是指员工通过自愿离职而离开当前组织或职业的意愿。一些研究没有调查实际离职，而是调查了离职意愿，因为他们认为行为意愿可以很好地预测实际行为。两个调查问题被用来衡量参与者的离职意向："如果我能找到另一份薪水和我现在的工作一样好的工作，我会换工作"和"我正在积极寻找另一份工作"。美国员工样本为 0.689（N = 155），中国员工样本为 0.706（N = 97）。

旷工现象在组织和国际都很普遍。据报道，旷工每年会导致生产力下降，造成大量的经济损失。对于人力资源专业人员来说，旷工的主要后果是与旷工有关的直接和间接成本。"我比同事更经常旷工"和"我只在非常特殊的情况下才会旷工"这两个调查问题被用来衡量参与者的旷工行为。美国样本和中国样本的 Cronbach's alpha 值分别为 0.528（N = 155）和 0.619（N = 97）。

本研究得到的另一个标准测量是员工迟到，这是另一种可能显著影响组织成功的员工反生产力行为。迟到不仅仅是另一种形式的旷工。在目前的研究中，迟到是通过员工在过去两周内迟到的天数来衡量的。本研究使用的调查量表汇总如表 3 - 2 所示。

表 3 - 2   调查量表汇总

维度	题项数量	提出方式	来源
人口特征	10	按顺序	Mayfield & Mayfield（2015）
人格特质	大约 25	CAT	HEXACO
能力	5	按顺序	Harvard-wide
P-O 适合	3	按顺序	Cable & Judge（1996）；Piasentin & Chapman（2007）
性能	6	按顺序	Mayfield & Mayfield（2015）
营业额的意图	3	按顺序	Tett & Meyer（1993）
旷工	2	按顺序	Gunnarsson et al.（2013）
迟到	1	按顺序	本研究

第五节 数 据

本研究数据来自美国和中国企业。研究共包括 252 名员工，其中 155 名来自美国企业，97 名来自中国企业。在对美国企业的调查中，男性为 88 人，女性为 67 人，分别占样本的 57% 和 43%。在对中国公司的调查中，男性为 54 人，女性为 43 人，分别占样本的 56% 和 44%。样本的人口特征如附录 B 所示。培训集由来自不同组织的最有价值员工和平均贡献员工组成。通过使用 DEA 将职位候选人的入职测试分析与培训集进行比较，以确定最匹配的员工，这将是潜在的有价值员工。中美企业员工样本的数据描述如表 3 - 3、表 3 - 4 所示。

表 3 - 3

中国企业员工样本的平均值、标准差和相关性

variables	Mean	SD	1	2	3	4	5	6	7	8	9	10	11	12	13
1 Honesty-Humulity	3.79	0.90	1												
2 Emotionality	3.59	0.99	-0.13	1											
3 Extraversion	3.78	0.78	0.08	-0.13	1										
4 Agreeableness	3.49	0.97	0.15	-0.14	0.12	1									
5 Conscientiousness	3.79	0.80	0	-0.07	0.28	0.09	1								
6 Openness to Experience	3.76	0.84	-0.01	0.02	0.02	0.07	0.13	1							
7 Altruism	3.96	0.61	0.19	0.11	0.27	0.16	0.09	0.12	1						
8 Job Competency	2.94	0.67	0.06	-0.09	0.09	0.21	0.13	0.23	0.15	1					
9 P-O Fit	3.45	0.75	0.16	0.01	0.1	0.33	0.26	0.14	0.04	0.32	1				
10 Job Performance	3.36	0.83	0.13	-0.12	0.1	0.07	0.09	0.28	0.01	0.64	0.31	1			
11 Turnover Intention	3.49	0.96	0.05	0.09	0.11	0.06	0.2	0.07	0.15	-0.07	0.21	-0.05	1		
12 Absenteeism	4.03	0.89	0.2	-0.09	0.12	-0.01	0.18	0.2	0.34	0.03	0.25	0.1	0.16	1	
13 Tardiness	1.99	1.54	-0.17	-0.09	0.08	-0.15	0.02	-0.05	-0.16	-0.04	-0.05	-0.01	-0.09	-0.41	1

表 3 - 4　　美国企业员工样本的平均值、标准差和相关性

variables	Mean	SD	1	2	3	4	5	6	7	8	9	10	11	12	13
1 Honesty-Humulity	3.68	0.88	1												
2 Emotionality	3.39	0.90	-0.16	1											
3 Extraversion	3.54	0.88	0.21	0.05	1										
4 Agreeableness	3.15	0.84	0.25	-0.07	-0.01	1									
5 Conscientiousness	3.80	0.92	0.18	0.02	0.30	-0.04	1								
6 Openness to Experience	3.53	0.85	0.07	-0.09	-0.03	0.14	0.06	1							
7 Altruism	3.76	0.69	0.14	-0.01	0.37	0.06	0.39	0.32	1						
8 Job Competency	3.10	0.61	0.24	-0.06	0.34	0.08	0.18	0.05	0.12	1					
9 P-O Fit	2.68	0.62	-0.06	-0.05	-0.28	-0.02	-0.07	-0.01	-0.12	-0.19	1				
10 Job Performance	3.60	0.85	0.10	-0.07	0.42	0.04	0.31	0.14	0.25	0.41	-0.32	1			
11 Turnover Intention	3.05	0.97	-0.16	0.17	-0.08	-0.03	-0.14	0.10	-0.05	-0.19	0.12	-0.10	1		
12 Absenteeism	2.55	0.79	0.09	-0.12	0.03	0.11	-0.18	0.13	0.03	0.11	-0.11	0.02	-0.10	1	
13 Tardiness	5.03	1.36	0.22	-0.22	0.20	-0.08	0.25	-0.03	0.19	0.07	0.01	0.25	-0.01	-0.09	1

■ 第六节 结果分析

调查数据的分析包括三个步骤：ANOVA、DEA 和 Naïve 贝叶斯分析。第一步是检验不同措施的平均值的差异，并找出显著影响主要工作场所结果的预测措施。分析的第二步是基于 DEA 确定最匹配的个体，他们将成为潜在的有价值的员工。然后，利用 Naïve 贝叶斯分析验证本研究分类的准确性和人员选拔效率，对有效的求职者进行筛选，并挑选最有可能成为有价值员工的人。

步骤 1：方差分析（ANOVA）。

通过对比美国员工和中国员工的结果，可以得出不同的结果和结论。对数据进行方差分析，以检验不同测量的平均值的差异。在对美国员工的调查中，外向性、尽责性、经验开放性、工作能力和职业适合度与工作绩效显著相关。诚实—谦逊和情绪性显著影响员工离职倾向。旷工行为受责任心的影响，诚实—谦逊、情绪化、外向、随和和开放性对迟到行为有显著影响。在对中国员工的调查中发现，诚实—谦逊、经验开放性和工作能力对工作绩效有显著影响。离职倾向主要受责任心和 P-O 契合度的影响。诚实—谦逊、尽责性、经验开放性、利他主义和 P-O 适合度显著影响旷工率。员工迟到受诚实—谦逊的显著影响。两国员工样本的方差分析如表 3-5～表 3-12 所示。

表 3-5　　　员工特征与工作绩效的方差分析（中国员工样本）

	Df	平方和	均方	F 值	Pr（>F）
1 诚实—谦逊	1	1.1672	1.1672	2.88	0.0933
2 情绪性	1	0.6545	0.6545	1.6151	0.2072
3 外向性	1	0.4114	0.4114	1.015	0.3165

续表

	Df	平方和	均方	F 值	Pr（＞F）
4 宜人性	1	0.0788	0.0788	0.1943	0.6604
5 责任心	1	0.228	0.228	0.5627	0.4552
6 经验开放性	1	5.0424	5.0424	12.4419	0.0007 ***
7 利他主义	1	0.276	0.276	0.6811	0.4115
8 工作能力	1	22.6694	22.6694	55.9356	0 ***
9 P-O 适合	1	0.8714	0.8714	2.1501	0.1462
残差	87	35.2591	0.4053		

注：*** 表示 0.001 的显著性水平。

表 3 – 6　　　**员工特征与离职倾向的方差分析（中国员工样本）**

	Df	平方和	均方	F 值	Pr（＞F）
1 诚实—谦逊	1	0.2367	0.2367	0.2627	0.6096
2 情绪性	1	0.8253	0.8253	0.9157	0.3413
3 外向性	1	1.3568	1.3568	1.5055	0.2231
4 宜人性	1	0.223	0.223	0.2474	0.6202
5 责任心	1	2.7882	2.7882	3.0938	0.0821
6 经验开放性	1	0.1356	0.1356	0.1505	0.699
7 利他主义	1	0.6718	0.6718	0.7455	0.3903
8 工作能力	1	1.2614	1.2614	1.3996	0.24
9 P-O 适合	1	3.0844	3.0844	3.4224	0.0677
残差	87	78.4065	0.9012		

表 3 – 7　　　**员工特征与旷工的方差分析（中国员工样本）**

	Df	平方和	均方	F 值	Pr（＞F）
1 诚实—谦逊	1	2.935	2.935	4.5766	0.0352 *
2 情绪性	1	0.2808	0.2808	0.4378	0.5099
3 外向性	1	0.7525	0.7525	1.1733	0.2817

续表

	Df	平方和	均方	F 值	Pr（>F）
4 宜人性	1	0.2195	0.2195	0.3423	0.56
5 责任心	1	2.0251	2.0251	3.1578	0.0791
6 经验开放性	1	2.6042	2.6042	4.0606	0.047 *
7 利他主义	1	6.3274	6.3274	9.8662	0.0023 **
8 工作能力	1	0.3513	0.3513	0.5477	0.4612
9 P-O 适合	1	4.6164	4.6164	7.1983	0.0087 **
残差	87	55.795	0.6413		

注：** 、* 分别表示 0.01、0.05 的显著性水平。

表 3-8　　　　　员工特征与迟到的方差分析（中国员工样本）

	Df	平方和	均方	F 值	Pr（>F）
1 诚实—谦逊	1	6.9152	6.9152	2.898	0.0923
2 情绪性	1	2.7046	2.7046	1.1335	0.29
3 外向性	1	1.4026	1.4026	0.5878	0.4453
4 宜人性	1	4.9363	4.9363	2.0687	0.1539
5 责任心	1	0.0065	0.0065	0.0027	0.9584
6 经验开放性	1	0.3776	0.3776	0.1582	0.6918
7 利他主义	1	2.9874	2.9874	1.252	0.2663
8 工作能力	1	0.0005	0.0005	0.0002	0.9888
9 P-O 适合	1	0.0625	0.0625	0.0262	0.8718
残差	87	207.5964	2.3862		

表 3-9　　　　员工特征与工作绩效的方差分析（美国员工样本）

	Df	平方和	均方	F 值	Pr（>F）
1 诚实—谦逊	1	1.2177	1.2177	2.4066	0.123
2 情绪性	1	0.2722	0.2722	0.5379	0.4645

续表

	Df	平方和	均方	F 值	Pr（＞F）
3 外向性	1	18.4928	18.4928	36.5496	0 ***
4 宜人性	1	0.1813	0.1813	0.3583	0.5504
5 责任心	1	4.4765	4.4765	8.8475	0.0034 **
6 经验开放性	1	1.8262	1.8262	3.6094	0.0594
7 利他主义	1	0.0088	0.0088	0.0175	0.895
8 工作能力	1	7.7148	7.7148	15.2477	0.0001 ***
9 P-O 适合	1	3.6847	3.6847	7.2824	0.0078 **
残差	145	73.3648	0.506		

注：*** 、** 分别表示 0.001、0.01 的显著性水平。

表 3－10　　　员工特征与离职倾向的方差分析（美国员工样本）

	Df	平方和	均方	F 值	Pr（＞F）
1 诚实—谦逊	1	3.6799	3.6799	4.0634	0.0457 *
2 情绪性	1	3.3065	3.3065	3.6511	0.058
3 外向性	1	0.4273	0.4273	0.4718	0.4933
4 宜人性	1	0.0386	0.0386	0.0426	0.8368
5 责任心	1	1.9197	1.9197	2.1197	0.1476
6 经验开放性	1	0.103	0.103	0.1138	0.7364
7 利他主义	1	0.0237	0.0237	0.0262	0.8717
8 工作能力	1	2.905	2.905	3.2078	0.0754
9 P-O 适合	1	1.3679	1.3679	1.5104	0.2211
残差	145	131.3156	0.9056		

注：* 表示 0.05 的显著性水平。

表 3－11　　　员工特征与旷工的方差分析（美国员工样本）

	Df	平方和	均方	F 值	Pr（＞F）
1 诚实—谦逊	1	0.8684	0.8684	1.4386	0.2323
2 情绪性	1	1.0245	1.0245	1.6972	0.1947
3 外向性	1	0.039	0.039	0.0646	0.7998

续表

	Df	平方和	均方	F 值	Pr（＞F）
4 宜人性	1	0.8083	0.8083	1.339	0.2491
5 责任心	1	3.7514	3.7514	6.2149	0.0138 *
6 经验开放性	1	1.3373	1.3373	2.2155	0.1388
7 利他主义	1	0.1222	0.1222	0.2025	0.6534
8 工作能力	1	0.8869	0.8869	1.4693	0.2274
9 P-O 适合	1	0.9207	0.9207	1.5252	0.2188
残差	145	87.5252	0.6036		

注：＊表示 0.05 的显著性水平。

表 3 – 12　　　　员工特征与迟到的方差分析（美国员工样本）

	Df	平方和	均方	F 值	Pr（＞F）
1 诚实—谦逊	1	14.467	14.467	8.89	0.0034 **
2 情绪性	1	9.6714	9.6714	5.9431	0.016 *
3 外向性	1	8.066	8.066	4.9566	0.0275 *
4 宜人性	1	5.6812	5.6812	3.4911	0.0637
5 责任心	1	8.5912	8.5912	5.2793	0.023 *
6 经验开放性	1	0.795	0.795	0.4885	0.4857
7 利他主义	1	2.5331	2.5331	1.5566	0.2142
8 工作能力	1	0.5136	0.5136	0.3156	0.5751
9 P-O 适合	1	0.5565	0.5565	0.342	0.5596
残差	145	235.9637	1.6273		

注：＊＊、＊分别表示 0.01、0.05 的显著性水平。

　　本研究还考虑了控制变量。在这两个国家，组织类型和工作复杂性对四种工作结果都有影响。工作复杂性包括：不需要技能的劳动—需要很少或不需要培训来执行，熟练工人——需要中等水平的培训来完成，以及专业工作—需要高水平的培训和/或专业认证来执行。在对美国员工的调查中，教育也与这些工作成果有着显著的关联。对中国员工而言，组织规模、职业和性别显著影响工作绩效。

步骤 2：数据包络分析（DEA）。

数据包络分析（DEA）是运筹学、管理学和计量经济学相结合的一个新的研究领域，最早由查恩斯等（Charnes et al.，1978）于 1978 年提出。DEA 是一种数学规划方法，用于为一组具有多个输入和输出的决策单元（DMU）提供相对效率评估（称为 DEA 效率）。此外，决策单元的输入和输出向量扩展了生产可能性集。从观测到的数据判断一个 DMU 是否有效，相当于测试该 DMU 是否处于生产可能性集的"边界"。将生产边界的概念从生产函数扩展到多产出的情况，DEA 的方法和模型可以综合描述生产前沿面的结构。因此，DEA 也被认为是一种非参数统计估计方法。用 DEA 方法评价一组决策单元的相对效率，可以获得一些具有经济背景的管理信息。因此，DEA 的研究和应用引起了学术界和行业实践的广泛关注。

在 DEA 研究领域，查恩斯、库珀等从事 DEA 研究的学者进行了一系列的基础性工作。这些工作主要包括以下几个方面：（1）实现了大量不同行业的应用案例，全面展示了 DEA 的广泛应用。（2）开发了基于 DEA 模型的各种数值方法及相关软件，极大地支持了 DEA 的应用。（3）对不同的 DEA 模型进行了扩展和深入讨论，包括加性模型、log-DEA 模型、决策者偏好 DEA 模型、具有无限多决策单元的半无限规划 DEA 模型、随机 DEA 模型等。（4）对 DEA 模型和方法的经济和管理背景进行了广泛的研究，确立了 DEA 在经济学和管理学中的地位。

DEA 已成为人力资源管理中常用的有力工具，是评价决策单元效率的一种有效方法。传统的统计方法"具有集中趋势方法的特点"，而 DEA 只将每个决策单元与最有效的决策单元进行比较。尽管 DEA 并不总是解决问题的正确方法，但它在许多特定情况下是适用的。DEA 中有很多 DMU，每个 DMU 都有一组输入并产生不同级别的输出。DEA 的一个基本假设是，"如果一个给定的决策单元 A 能够用 X（A）输入产生 Y（A）单位的输出，那么其他决策单元如果要有效地运行，也应该能够这样做"（Trick，2013）。特里克（Trick，2013）指出，如果一个给定的决策单元 B 能够在 X（B）输入下生产 Y（B）单位的输出，那么其他决策单元也应该能够完成相同的输出量。DMU 的 A、B 和其他可以组合起来形成具有复合输入和复合输出的复合 DMU。这种组合 DMU 被称为虚拟 DMU，因为它不一定真实存在。如果原始 DMU 通过在相同的输入下产生更多的输出，或者在较少的输入下产生相同的输出比虚拟 DMU 效果差，那么虚拟 DMU 可以被证明是有效的（Trick，2013）。换句话说，DEA 的本质就是为每个真实决策单元找到最佳的虚拟决策单元。

效率边界是给定的一组输入和输出的最大组合。对于输入和输出的前沿分析，DEA 是一个线性规划过程。只有当一个单位与其他相关单位进行比较时，DEA 才会给该单位 1 分的分值。DEA 对低效单位的效率评分小于 1，意味着样本中其他单位的线性组合使用更小的输入向量产生相同的输出向量。该分值反映了从估计生产边界到所考虑的决策单元的径向距离（Trick，2013）。

DEA 公式如下：

让 X_i 是 DMU i 的输入向量，设 Y_i 为相应的输出向量。让 X_0 是 DMU 的输入要确定它的效率和 Y_0 是输出。X 和 Y 是数据。DMU 效率的衡量标准$_0$ 由以下线性程序给出：

$$最小值\ \theta$$
$$酸处理 \sum \lambda_i X_i \leqslant X\theta_0$$
$$\sum \lambda_i Y_i \geqslant Y_0 \tag{3.2}$$
$$\lambda \geqslant 0$$

在 λ_i 权重是给 DMU 的$_{i0}$ θ 为 DMU 效率$_0$，所以 λ 和 θ 是变量。自从 DMU_0 也出现在方程的左边，最优 θ 不可能大于 1。

使用 DEA 有一系列的优势。首先，DEA 可以分析多个输入和多个输出模型。其次，不需要假定输入与输出之间的函数形式。再次，直接将 DMU 与对等体或 θ 对等体组合进行比较。最后，输入和输出可以有非常不同的单位（Cooper et al. , 2004）。因此，本研究采用 DEA 方法，以工作绩效、离职倾向、旷工和迟到四个主要标准来筛选和挑选高效（最有价值）员工，图 3 - 4 为 DEA 模型使用人员选拔准则。结果证明，对美国企业的工作结果有显著影响的八个因素是：诚实—谦逊、情绪性、外向性、亲和性、尽责性、经验开放性、工作能力和 P-O 契合度。另外，在对中国企业的调查中，六种对工作结果有显著影响的输入是：诚实—谦逊、尽责性、经验开放性、利他主义、工作能力和 P-O 契合度。

通过在 R 程序中运行 DEA，在美国企业的调查中，有 155 名员工显示有效的（或最有价值的员工）（见附录 C）。在中国公司的调查中，97 名员工显示有效率（或最有价值的员工），其余 39 名员工被标记为平均贡献员工（见附录 D）。

步骤 3：朴素（Naïve）贝叶斯分析。

贝叶斯分析将最可能的类别分配给由特征向量描述的给定子集。通过假设特征是独立于给定类的，可以极大地简化学习这样的特征向量。尽管有这种不现实的假设，但被称为朴素（Naïve）贝叶斯模型在实践中非常成功。朴素贝叶斯在许多实际应用中被证明是有效的，包括文本分类、医疗诊断和系统性能管理等。尽管其不现实的独立性假设，朴素贝叶斯模型在实践中是非常有效的，因为它的分类决策往往是准确的。虽然在过去的研究中已经确定了朴素贝叶斯的一些最优条件，但仍然需要对影响朴素贝叶斯性能的数据特征进行更深入的探索。

员工分类和分类结果验证的方法有几种，如决策树、人工神经网络、模糊逻辑、遗传算法和粗糙集理论（Nematzadeh，2012）。本研究采用朴素（Naïve）贝叶斯分析来验证分类的准确性和人员选拔的效率。与人工神经网络和遗传算法相比，朴素（Naïve）贝叶斯分析更适合于处理分类变量。由于本研究中的变量都是分类变量，因此本研究采用朴素（Naïve）贝叶斯分析。

朴素（Naïve）贝叶斯分析的分类过程包括两个阶段：学习和验证（Nematzadeh，2012）。第一阶段是学习过程，通过分类规则和算法对训练数据进行分析，建立模型，所得模型被用来衡量模型的准确性。第二阶段，利用分类规则对新数据和标称数据进行分析。

朴素（Naïve）贝叶斯分类器是一系列基于概率的简单分类器，并使用贝叶斯定理与特征之间的强独立假设。朴素（Naïve）贝叶斯分析是分类数据的一种流行方法，因为它有助于确定特性是属于一个类别还是另一个类别，模型从一个有限集合中分配类标签。朴素（Naïve）贝叶斯分析的基本假设是，某个特性的值不依赖于任何其他特性的值。一个朴素（Naïve）贝叶斯分类器认为，不管圆度、颜色和直径之间的任何可能的相关性，这些特征中的每一个都独立地贡献了这是一个乒乓球的概率。朴素（Naïve）贝叶斯分类器可以在许多基于极大似然方法的实际应用中非常有效，其分析在许多复杂的现实世界中已经被证明是相当有效的。

本研究的主要目标是选择合适的候选人来填补合适的职位，而不是专注于选择最有能力的候选人或具有社会理想个性的人。人力资本专业人士更关心任务的组合和候选人需要的能力。美国劳工统计局和麦肯锡全球研究所发现，基于一对一交易的工作越来越少，重复的工作也越来越少（Ray et al.，2012）。因此，人员选拔不再仅仅依赖于单一的标准，而是依赖于满足工作或任务要求的属性子集类别。本研究的模型是预测一个主要的分类预测变量的分类反应，因此选用朴素（Naïve）贝叶斯分析。

在人员选拔过程中还有其他的方法。例如，加加诺等（Gargano et al.，2010）引入了人工神经网络来辅助人员选拔过程。他们还加入了加快神经学习过程的遗传算法，这是该领域的一个突破。然而，该研究中使用的量表依赖于候选人的自我评价，降低了测量的客观性和准确性。分类预测变量的问题是，由于数据是稀疏的，容易出现很少或根本没有匹配预测变量值的情况。在这种情况下，Naïve 贝叶斯方法可以帮助解决这个问题。

推导条件概率的数据可以写成：

$$p(y = 1 \mid x1, x2, \cdots, xk)$$

$$= \frac{p(x1, x2, \cdots, xk \mid y = 1)}{p(x1, x2, \cdots, xk \mid y = 1)p(y = 1) + P(x1, x2, \cdots, xk \mid y = 0)p(y = 0)}$$

$$(3.3)$$

由于条件联合概率难以估计，该模型求解难度较大。$p(x1, x2, \cdots, xk \mid y = 1)P(x1, x2, \cdots, xk \mid y = 0)$ 相反，和的先验概率很容易通过使用训练集中的相对频率来计算。$p(y = 1)p(y = 0)$

假设预测因子相互独立，模型可写成（Ledolter, 2013）：

$$p(y = 1 \mid x1, x2, \cdots, xk) =$$

$$\frac{\left[\prod p(xi \mid y = 1) \right] p(y = 1)}{\left[\prod p(xi \mid y = 1) \right] p(y = 1) + \left[\prod p(xi \mid y = 0) \right] p(y = 0)} \quad (3.4)$$

训练集应该包含足够的信息来估计边缘概率和。$p(xi \mid y = 1)p(xi \mid y = 0)$ $i = 1, 2, \cdots, k$

为了对每个类的概率进行可靠的估计，需要一个大数据集。Naïve 贝叶斯分类算法的查准率和查全率会受到小数据集的影响，这是 Naïve 贝叶斯分析的缺点。然而，Naïve 贝叶斯分类器被证明，即使违背了它们所基于的条件独立性假设，在许多分类任务中仍能表现出较高的准确性（Kohavi, 2016）。

本研究运用朴素（Naïve）贝叶斯分析来验证最有价值员工和平均贡献员工分类的准确性。如果一个样本的概率大于或等于 0.5，则将其评为"最有价值员工"，否则为"平均贡献员工"。从这些数据中，得到了一个 2×2 的分类表，可以计算出不正确分类的比例。在对美国员工的调查中，朴素（Naïve）贝叶斯方法的误分类率为 27.42%，其中 27 个最具价值员工（37 个）被正确预测，但未能识别 10/(10 + 27) 或 27% 的最具价值员工。此外，7/（7 + 17）或 29.2% 的"平均贡献员工"被预测为最有价值员工。在对中国员工的调查中，朴素（Naïve）贝叶斯方法的误分类率为 23.08%，其中 14 个最具价值员工（21 个）被正确预测，但未能识别 7/（7 + 14）或 33.3% 的最具价值员工。此外，2/（2 + 9）或 18.2% 的"平均贡献员工"被预测为最有价值员工。该朴素（Naïve）贝叶斯方法的准确性在人员选拔过程中是可以接受的。因此，在样本中运行 DEA，面对大量的高效求职者时，可以使用朴素（Naïve）贝叶斯分析作为下一个筛选器，对高效求职者进行排序，挑选出最有可能成为有价值员工的个体。

第四章

千禧一代员工的个人—组织契合度与激励匹配

随着全球竞争的加剧，建立和保持竞争优势已经成为企业面临的一个更加复杂和困难的挑战。企业家们认为，竞争力主要来自于基于独特资源的差异化，即企业的资源基础观（Barney，1991；Wernerfelt，1984）。特别是在全球化、技术和通信变化以及环境可持续性等重大挑战的时代，人力资源是建立企业竞争生存能力的一个尤为相关的因素。但在人力资源管理领域，资源的可用性可能是一个关键问题（Szafrański et al.，2017）。千禧一代选择工作的原因与其他代际员工有所差异（Spychala et al.，2017），特别是工作的吸引力和个人与组织的契合度。考虑到千禧一代员工的个人特征和偏好（Kristof，2006），许多研究人员已经探索了个人—组织匹配的问题，以及员工的期望和企业的需求之间的匹配（Utcomes et al.，2017；Afsar & Badir，2016；Kristof et al.，2015）。

企业需要了解千禧一代员工如何选择他们的工作（Csiszárik-Kocsír & Galia-Fodor，2018），考虑到职业道路、工作选择、工作调整和组织氛围等因素（O'Reilly et al.，1991）。从历史上看，每当新一代进入劳动力市场时，习惯与上一代员工打交道的雇主和他们年轻的潜在员工之间就会出现认知上的差异与不匹配。根据麦克林德尔和沃尔芬格（McCrindle & Wolfinger, 2010）的定义，一代人是出生在相似时间的一群人，受到相同事件，以及相似的社会、经济、技术和政治环境的影响。有三个因素对这些群体的分类至关重要，即成员的感觉、共同的信仰和行为、共同的历史经验和观点（Howe & Strauss, 1992）。识别新一代的趋势可能是一项挑战，包括沟通偏好、目标层次、工作场所要求或工作和实现目标的方式等领域。在不同年龄、不同文化、不同价值体系、不同工作场所、不同经验、不同社会和专业能力的员工之间，创造一种激励和鼓励创新的氛围是很困难的。发展培训体系，让他们为这种工作场所做好准备，也同样具有挑战性（Szafrański et al., 2019）。

第一节　千禧一代员工概述

世代群体包括婴儿潮一代、X 一代①和 Y 一代②（Susanti & Natalia, 2018；索斯盖特，2017）。现在进入职场的是千禧一代，他们的工作方式和工作动机与其他群体不同。千禧一代是施罗德（Schroer, 2018）提出的一个术语，用来描述千禧后出生的人（Amiama-Espaillat & Mayor-Ruiz, 2017），也被称为"Z 一代"（Southgate, 2017）或"zapper"（Csiszárik-Kocsír & Garia-Fodor, 2018）。千禧一代出生于 20 世纪 90 年代、成长于 21 世纪最深刻变革时期的一代人，他们生活在一个拥有互联网、智能手机、笔记本电脑和数字媒体的世界里（Bascha, 2011；Tulgan & Rain, 2013）。这一代人从未体验过没有互联网的生活，这是他们从小经历的一部分，并被视为一种明显的差异（Roblek et al., 2019）。普伦斯基在 2001 年就已

---

① 出生于 20 世纪 60 年代中期至 20 世纪 70 年代末的一代人。
② 1981~2000 年出生的人。

经认识到互联网的无处不在，而且这种趋势还在加速。千禧一代经常与朋友保持联系（Lazanyi & Bilan，2017），朋友的数量比前几代人更多。他们能够有效地处理多项任务，但发现很难专注于一项活动；他们是物质主义者，什么都想要，想要马上得到，但又很现实；他们富有创造力，雄心勃勃。他们主要从网上资源学习，经常自己创造想法，而不参考现有知识的传统来源。他们通过数字媒体自由分享（Lazányi & Bilan，2017），也通过网络游戏进行互动（Perez，2016）。就工作场所而言，千禧一代更能适应现代招聘工具（Dalessandro，2018；Derous & De Fruyt，2016），更喜欢灵活的工作安排（Lazányi & Bilan，2017）。对千禧一代有一个清晰的认识是至关重要的，因为他们正在步入职场，并将很快成为商业组织的未来领导者（Weber，2015）。千禧一代的员工在很多方面都与其他代际员工不同。根据一项研究，千禧一代员工能够给他们所在的工作场所带来最广泛的个人体验和对新科技的舒适性，而老一代的员工可能会对与千禧一代一起工作感到烦恼和困惑，因为年轻一代更习惯于生活在一个巨大透明的世界（Weber，2015）。千禧一代还希望他们的工作具有挑战性、创造性和活力（Espinosa & Ukelija，2016）。他们更愿意为那些在培训和发展方面投入巨资的雇主工作（Parry et al.，2012）。他们重视团队合作，希望得到其他员工的支持，也希望得到经理的关注（Sirota & Klein，2013）。一项关于千禧一代职业预期的研究发现，千禧一代对自己的未来很乐观。因此，这一群体努力改变他们目前在社会和工作中的地位，但可能还没有完全准备好根据不断变化的经济条件和当前劳动力市场的变化来调整自己的期望和行为（Ng et al.，2010）。

根据新兴问题研究所（Institute for Emerging Issues，2012）的数据，千禧一代是最多样化、掌握技术最先进的一代。千禧一代有一种非正式的、个人的、直接的交流方式，社交网络是他们生活中至关重要的一部分。他们也是自己动手的一代，在肖贝尔（Schawbel，2014）的研究中，千禧一代比 Y 一代更有创业精神，更值得信任，更宽容，更不受金钱的驱使。他们对工作的期望更现实，对未来更乐观。根据世代白皮书（Generational White Paper，2011）的研究，千禧一代往往缺乏耐心，缺乏前几代人的野心，思维敏捷，已获得注意力缺陷障碍，高度依赖技术和低注意广度，比较崇尚个人主义和自我指导，是崇尚物质享受的一代人。千禧一代非常关注环境问题，非常意识到迫在眉睫的，短缺和水资源短缺，这表明他们对自然资源有高度的责任感（Mihelich，2013）。斯拉文（Slavin，2015）发现，千禧一代无论年龄大小都希望被倾听。技术是他们身份的一部分，他们精通技术，但缺乏解决问题的技能，无法充分展示出观察情况、放入情境，缺少分析并做出决定的能力（Coombs，2013）。与其他代际员工相比，他们似乎更不倾向于参与投票和社区活动（Institute for Emerging Issues，2015）。

工作价值观和偏好的年龄差异有时可以用一般性差异来解释（Bright，2010；Lancaster & Stillman，2012）。代际解释假设一个人出生的时代和他们成年后发生的重大事件影响他们的世界观，以及他们的价值观和对工作的态度。早在20世纪20年代，曼海姆（Mannheim，1970）就提出了代际社会学理论，但是历史学家豪和施特劳斯（Howe & Strauss）于20世纪90年代在美国推广了代际理论。目前，来自四个不同世代的人共享公共部门的工作场所，美国劳工部估计，千禧一代在劳动力中的份额将在2010～2020年增加75%。

千禧一代的成长阶段经历了沟通和社交网络工具的发展和迅速扩散。他们是在密集使用技术工具和社交网络平台的环境中成长起来的（Johnson et al.，2012），以至于一些研究人员将他们称为"历史上第一代'始终保持联系的'一代"（Taylor & Keeter，2010）。这一代人也是历史上民族和种族最多样化、受教育程度最高的一代人（Taylor & Keeter，2010）。大众媒体和同行评议的文献都提供了一系列关于千禧一代成员的说法，有时是相互矛盾的。千禧一代最具争议的特征之一是他们的社会服务取向。一些受欢迎的专家将他们描述为具有公民参与、社会意识、乐于帮助他人和解决世界问题的人（Greenberg & Weber，2009；Howe & Strauss，2010）。他们也被描述为一个"渴望的群体"，与 X 一代采取的冷漠立场或婴儿潮一代采取的对抗立场形成鲜明对比（DeBard，2004；Howe & Strauss，1993）。格林伯格和韦伯（Greenberg & Weber，2018），提出了"我们一代"这个标签，认为这个群体的成员"相信政治参与的价值，并相信政府可以成为一股强大的做好事的力量"。其他学者则将他们描绘成完全相反的人，指出他们自恋、物质主义、同理心较低、较少关心他人、公民参与度较低（Twenge，2006；Twenge，Campbell & Freeman，2012）。特文格等（Twenge et al.，2012）利用纵向数据表明，千禧一代在关心他人、关心社区、公民参与和社会资本方面的得分普遍低于前几代人。因此，他们认为"我一代"的标签比早期研究提供的"我们一代"标签更合适（Twenge et al.，2012）。社区服务和志愿服务是一个例外，他们发现千禧一代的得分高于前几代人（Twenge et al.，2012）。皮尤研究机构2010 年进行的一项调查也显示，千禧一代的受访者在政治活动方面落后，但他们的志愿活动率与他们的长辈相当（Taylor & Keeter，2010）。流行媒体报道和一系列流行书籍一致认为，千禧一代关心社会问题，将社会责任融入他们的日常活动，并参与和给予（Burstein，2011；Winograd & Hais，2011）。公民取向和社区参与，以及对政府的兴趣，正被强调为年轻一代的积极品质。乔根森（Jorgensen，2013）和王等（Wong et al.，2018）认为，这种差异源于这样一个事实，即关于代际特征的讨论大多基于主观观察和回顾性比较，而不是严格的实证研究。

千禧一代的工作偏好是另一个热门研究问题。公共管理者和人力资源管理专业人员为员工提供了在工作中寻找动力的机会。如果年轻的和年长的员工重视不同的工作机会，培养所有员工都愿意接受的机会可能是一个挑战。一个规模较小但不断增长的研究流派调查了不同时代的工作偏好（Ng et al.，2010；Wong et al.，2018）。关注公职人员的研究较少，这些文章比较了 X 一代和婴儿潮一代的员工（Bright 2010；Jurkiewicz，2010；

Jurkiewicz & Brown，2018）。例如，杰克维兹和布朗（Jurkiewicz & Brown，2018）要求公共部门雇员根据他们的可取性对 15 种工作特征进行排名，发现在公共部门的组织环境中，每个年龄段的雇员的排名几乎相同。此后，杰克维兹（Jurkiewicz，2010）的研究再次证实了 X 一代和婴儿潮一代的员工想要的工作模式相同。布莱特（Bright，2016）的一项研究也比较了 X 一代和婴儿潮一代，基于这一代人的个性，发现年轻的公务员渴望个人认可。

几项实证研究表明，员工的工作偏好存在着重大的代际差异，但结果又相互矛盾。德巴德（2014）以及豪和施特劳斯（2013）认为，千禧一代最重视"有意义的工作"，而不是"自由"（与 X 一代有关），或"金钱、头衔和认可"（与婴儿潮一代有关）。后来的研究对这些观察结果提出了质疑。心理学家的研究表明，与年长的员工相比，千禧一代表现出更高的自恋、伴侣主义和过高的期望（Twenge & Kasser，2013）。特文格等（Twenge et al.，2012）将千禧一代与过去的年轻一代进行了比较，发现"对社会有价值的工作的重要性"和"努力工作的重要性"都在逐年下降。他们还发现，千禧一代的成员不太可能表达在社会服务组织工作或成为一名社会工作者的愿望。恩吉等（Ng et al.，2010）研究了 2 万多名来自加拿大千禧一代本科生的职业期望和优先级数据。在他们列出的最理想的工作属性因素中，最重要的是晋升机会、能与优秀的人共事和汇报，以及职业发展机会，而薪酬、福利和安全等传统属性排在中间，对社会责任的承诺排在最后。莱斯（Drie et al.，2018）发现，比利时千禧一代比婴儿潮一代或 X 一代更重视工作保障作为职业影响。王等（Wong et al.，2018）研究了来自澳大利亚的 3535 名经理的个性特征差异，这些个性特征可能会影响员工的工作结果，他们认为，几代人之间的个性和动机驱动力差异可以忽略不计。泰勒（Taylor，2012）研究了澳大利亚千禧一代的工作偏好和公共服务动机水平，发现公共服务动机水平较高的人更有可能在公共部门工作，而不是私营部门。虽然在对收入或工作保障等外部激励因素的偏好方面，他们与年龄较大的员工之间没有显著差异，但他们更看重职业发展和拥有一份有趣的工作。

由于不同代人对工作和工作场所的偏好不同，了解千禧一代员工的偏好至关重要，这样才能在组织中建立适当的沟通渠道，创造良好的环境。了解是什么激励他们提高组织的生产力也同样重要。根据现有文献，千禧一代的偏好如下：

（1）他们更喜欢透明、自立、灵活性和个人自由，忽视这些可能会导致同事之间的矛盾，降低生产力和员工士气，导致员工敬业度的下降。他们希望被告知、被允许、被回应，他们认为这些是工作能力被认可的表现。

（2）他们必须有足够的独立性来证明自己并立即获得认可。此外，由于这一代人从未生活在一个没有智能手机或 iPad 的世界，他们希望办公场所仍然能正常使用这些设备。

（3）他们更喜欢面对面的交流，想要被认真对待。希望经理们倾听他们的想法，重视他们的意见。因此，工作场所中应该少关注年龄，多关注想法和贡献。他们也想为一个诚实的领导工作，并且希望他们是开放的，不会因为他们的年轻或头衔而对他们隐瞒信息。

（4）他们更喜欢培养指导、拥有学习和专业发展机会的工作环境，因为他们认为他们的教育没有给予他们处理现实生活问题所需的技能。鼓励他们创业能力的工作场所、友好的工作环境、灵活的工作时间是千禧一代寻找工作时所看重的。技术是他们生活中不可分割的一部分，他们更喜欢那些位于工作场所前沿的组织，这些组织能够支持和允许他们交流和推进工作，而不受地理或时区的限制。

（5）他们喜欢在内部容易调整的办公室工作场所，重视工作场所的安排和确定性，认为复杂的规划布局并不可取（Knoll，2014）。

（6）他们更喜欢为诚实正直的领导者工作（Half，2015）。

（7）他们更喜欢为一个能体现出真正的社区关系和社会责任的组织

工作（Middlemiss，2015）。

千禧一代似乎与前几代人有着不同的要求和激励因素。这一代人进入组织后，将在工作场所激起自己独特的需求。组织通过提高对千禧一代员工的吸引力，建立独特的企业文化和工作场所，由此获得人才优势。

第二节　组织文化对千禧一代的影响

组织文化是一个广泛使用的术语，包括组织的几个不同方面，如其成员如何凝聚，以及组织与成员之间的互动（Adler & Jelinek，1986）。其中一个潜在的假设是最高管理者可以驱动和加强组织文化，建立一个更有效和更有吸引力的工作环境（Schein & Night，1993）。一般来说，组织文化的变化是缓慢的，是许多人积累活动的结果。组织文化模式的基本假设认为，用发现或开发的学习态度来应对问题的外部适应和内部整合被认为是有效的，因此，要培养新成员感知的正确方法，以及与这些问题的关系（Adler & Jelinek，1986）。

关键问题是，企业是否会迫使年轻一代适应现有的组织文化，或者管理者是否会试图让组织响应适应变化的环境和千禧一代的偏好。此外，组织文化对千禧一代男性和千禧一代女性的吸引力，或者在不同的职业之间，是否存在差异？良好的组织文化往往具有坚实的基础和稳定的规则，但还需要适应员工群体性质的变化，从解决问题的过程中获得知识，并通过吸取的经验增强组织的灵活性（Graczyk-Kucharska et al.，2018；Chang & Lee，2017）。

在过去的40年中，越来越多的研究人员和实践管理者已经对组织文化展开了较为充分的研究，通过不同的视角来分析这一概念（Kucharska & Kowalczyk，2019）。文献中描述的组织文化主要是其与各种不同因素的关系，包括冲突解决和授权（Khan & Rasli，2015），领导力（Masa'deh et al.，2017；Schein & Night，1993），伦理挑战（Smith et al.，2018），动机（Fernandes，2018），知识（Kucharska & Wildowicz-Giegiel，2017；Alattas & Kang，2015；Rai，2011），技术与创新（Akhtar et al.，2018），霍夫斯泰德文化维度（Hofstede's international cultural dimensions）（Kucharska & Kowalczyk，2019；Kangas et al.，2017）。组织文化的概念起源于文化人类学，在组织行为、管理和市场营销文献中已有较多研究（Hogan & Coote，2014）。组织文化可以定义为塑造员工行为的态度和规范，进而影响组织的绩效。文化的概念被看作是个人和组织之间的一种桥梁，不同的企业会有所不同。如果是积极的组织文化，可以促进员工的承诺和提高系统的稳定性（Kim & Wang，2016）。组织文化对企业的成功至关重要（Alattas & Kang，2015），需要克服文化障碍。沙因（Shain，1988）指出，组织文化可以是实体之间的主要区别，并与不同的效率水平相关联。它可以对知识管理和组织效率产生相当大的影响，甚至可能大于组织战略的影响力。例如，纳比特和戈沙尔（Nahapiet & Ghoshal，1999）强调了他们所谓的社会资本在促进整个企业的知识共享方面的重要性。费尔南德斯（2018）将组织文化定义为"共同价值观，以及组织及其成员如何应对与外界有关的事情"。组织文化对人力资源的影响是一个日益突出的问题。在某种程度上，文化是增强和实现组织目标的决定性因素（Ramdhani et al.，2017），它与企业的所有职能联系在一起，特别是人力资源管理。文化可以指导组织如何面对环境变化和使用内部资源，包括劳动力，以实施对这些变化的响应（Pool，2010）。强大的文化可以提高员工的积极性和敬业度，建立更强的认同感和更积极的情感，从而为企业的成功和个人的工作成就感做出更大的贡献。

目前，千禧一代的工作动力已经发生了巨大的变化，反映出新的工作要求和员工期望。参与这一过程的雇主注重文化凝聚力，超越员工的幸福感或满意度（Evangeline & Ragwan，2016）。服务型领导对组织结构（Harwiki，2016）和敬业度都有影响，考虑到所有员工的需求，需要强调工作场所的积极方面，并支持员工接受环境变化。管理者可以更进一步，尝试建立学习型组织文化，支持组织创新（Hussein et al.，2016）。学习型组织文化鼓励获得生产和应用知识的技能和能力，改变获得新知识和愿景的个人（Garvin，1993）。根据西蒙（Simon，1991）的研究，一个组织增长知识只有两种方式，即从现有成员身上学习或将新成员的新知识带入组织。因此，组织系统和惯例通过鼓励追求组织目标的学习来影响个人和群体的学习（Ponnuswamy & Manohar，2016）。组织可以激励个人学习以及对知识共享的态度（Asrarul-Haq & Anwar，2016）。知识获取和共享有助于提高业务效率，实现目标，提高工作和最终产品的质量，并加强企业内外的关系（Charband & Navimipour，2016）。康格斯等（Kangas et al.，2017）的多层结构方程模型显示，在个人层面，在控制了背景因素后，对强大的、有道德的组织文化的感知与较少的旷工相关。另一个相关的问题是性别差异。阿克格姆奇等（Akgemci et al.，2016）提出了女性员工职业和组织障碍的问题。哈维基（Harwiki，2016）研究了女性对服务型领导和组织文化的影响。尽管对组织文化的话题有相当多的关注，现有的文献并没有充分探讨性别、职业和代际队列差异，以揭示更深刻的见解和关系，以及影响千禧一代与组织文化的关系。

第三节 千禧一代的个人—组织的契合度研究

本研究探索了对个人—组织匹配和组织文化之间的联系。我们提供了有关新一代年轻人的主要文化特征和工作特征的描述，包括工作动机和对企业的长期定位。战略人力资本文献中强调，个人知识、技能和态度是员工对组织绩效贡献的关键（Ployhart et al.，2014），更具体地说，基于需求的员工教育和培训计划（Szafrański，2015）符合组织战略方向（Agus-triyana et al.，2019）。

员工—组织（P-O）匹配关系到个人与他们工作的组织之间的兼容性的前因后果。通过组织良好的招聘和社会化过程，可以实现对 P-O 的高度契合（Kristof，1996）。P-O 契合理论认为，有潜力与员工的需要和愿望相一致的组织的特征。个体员工的态度和行为会受到自身与组织之间感知的一致性或"契合度"的影响（Afsar & Badir，2016）。这些条件可能会影响多种重要结果，包括工作满意度、组织公民行为、离职意向、组织承诺和绩效。工作满意度是雇主极为重视的因素，因为它反映了人们在工作中找到满足或满足的程度。对工作满意度的广泛研究表明了个人因素（如个人的需求和抱负与工作态度），以及团队和组织因素（如工作条件、关系、工作政策和薪酬）之间的关系（Pool，2000）。

对 P-O 匹配概念的研究可以追溯到吸引力—选择—损耗（ASA）框架，该框架表明个人和组织基于相似的价值观和目标而相互吸引。该模型由施耐德（Schneider，1987）描述，包括带来组织变革的难度，理解组织行为的个性和兴趣措施的效用，组织氛围和文化的起源，招聘的重要性，并且需要以个人为基础的领导理论和工作态度。进一步的研究表明，求职者根据感知到的 P-O 契合度自我选择进入组织，面试官在评估和聘用求职者时也会使用 P-O 契合度（Cable & Parsons，2001）。P-O 契合度也可以通过社会化来发展，有效的社会化可以建立对组织的承诺，使员工不太可能辞职。在这种情况下，企业可以主动进行 P-O 匹配，从有效的招聘、选拔和培训投资中获得回报。

卡特尔（Cattell，1943）认为人格可以通过观察来衡量，并且人格可以预测特定情况下的行为。在现实生活中，人格很难评估，也很难用作预测因素，如基于人格特征的工作选择（Judge & Cable，1997）。尽管如此，人力资源管理实践与组织文化之间存在着积极显著的关系（Kim & Wang，2016）。事实上，研究人员已经发现人力资源和组织文化是不可分割的（Smith et al.，2018）。组织需要专注于发展和保持一种道德文化，使员工发展与组织战略保持一致，同时也要考虑到新一代人的独特需求。

千禧一代的年轻人会根据他们对工作和组织本身的适应程度来选择雇主
（Cable & Parsons，2001）。千禧一代习惯于使用新的信息技术解决方案进
行沟通和工作。信息技术的使用使任何个人或组织都能更准确、及时和高
质量地开展各种活动。信息技术还有助于组织增强人力资源的效用，并使
数据、信息和知识在整个企业中可用（Fernandes，2018）。新技术往往与
创新密切相关，由于千禧一代对新技术感兴趣，从而增强了他们的职业积
极性和参与度。

千禧一代员工渴望追求成功的职业生涯，立竿见影、毫不费力，而
不接受长期职业发展愿景。他们的特点是流动性强、外语能力强，这使
他们甚至寻找更远的工作，包括国外工作机会的选择，因为他们能很快
适应新国家和新环境。千禧一代接受高风险，不一定关心工作的稳定
性。他们渴望多样性，避免常规，渴望学习和发现新事物，表现在愿意与
其他文化交流、接受外国实习、应用新的工作方法和改进既定流程等方面
（Graczyk-Kucharska，2019；Lazányi & Bilan，2017；Żarczyńska-Dobiesz &
Chomątowska，2016）。

第四节　中国的千禧一代员工特点

中国的"转型经济"已进入以创新、协调发展、开放和包容的绿色
增长为重点的阶段（Kolesky，2017）。这一转变旨在加强国内竞争和市场
主导的经济增长，"快速变化的环境要求企业做出更快的反应"（Li &
Liu，2011）。在推动中国发展的新阶段，企业的人力资源管理（HRM）
政策在提高组织效率方面发挥着不可或缺的作用（Ferris et al.，2018）。
李和刘（Li & Liu，2011）指出，系统提高人力资源管理实践的适应性有
助于在中国转型经济中提高组织效率。然而，员工行为的适应性是有效的
人力资源管理实践的先决条件，而千禧一代员工的崛起对中国管理者提出

了新的挑战。

21 世纪初，当千禧一代开始步入职场时，他们便显露出与前辈之间的差距，包括就业预期、职业道路和个人价值观的差异。每一代人都受到其成长时代的深刻影响（Kohler & Keller，2016），在这种情况下，代际差异影响对人力资源管理的各个方面都有所要求（Parry & Irwin，2011）。计划生育政策实施后出生的中国千禧一代尤其如此。研究人员（Parry et al.，2012；Yang，2016；Yi et al.，2010）指出，中国千禧一代员工与中国的年长员工以及生活在其他国家的千禧一代员工表现出了不同的特征和行为，包括中国千禧一代对成功的追求、冲突管理以及对他们在工作和家庭中的贡献的认可。

随着一个更加透明和高效的市场出现，千禧一代的员工代表了中国劳动力的重要组成部分，他们希望在工作政策和程序的应用上有更大的灵活性。千禧一代已经成为一股力量，将塑造未来十年的社会和经济动态（Howe & Strauss，2019）。因此，中国的千禧一代员工拥有重新定义和塑造组织的潜在机会。戈尔曼等（Gorman et al.，2014）提出，在转型经济中，特别是对于依赖信息技术来实现竞争优势的组织，人力资源经理需要在不同代际员工之间进行能力交换的双向转移。

首先，鉴于中国是世界上最大的劳动力群体，千禧一代已经成为这一劳动力群体的重要组成部分，我们需要理解这一代人的变化，包括千禧一代员工与其他员工群体不同的行为、需求和抱负。其次，了解代际差异如何影响管理政策和实践鲜有研究能够更好地理解中国千禧一代的需求和抱负，因为大多数中国千禧一代员工的研究都关注于人力资源管理背景下的个人特征、影响因素、离职意愿、主要动机和更广泛的组织议程（Zhu et al.，2015）。为了解决这一差距，本书探讨了两个问题：第一，企业的人力资源管理政策和制度是否影响了中国千禧一代员工的职业态度。第二，随着千禧一代员工数量的增加，需要何种人力资源管理转型方法来促进千禧一代员工的积极态度和行为。因此，组织需要将复杂和创造性的战略人力资源管理功能从标准化实践中分离出来，以促进千禧一代更好的员工态度；需要实施更多的工作场所弹性策略。组织还应该促进千禧一代员工自我实现的领导行为，建立更好的机制来给千禧一代员工更多的授权。

研究者经常从二元环境视角研究千禧一代员工，一方面考察政治、法律、经济、教育、文化等宏观因素，另一方面考察家庭结构等微观环境因素对千禧一代特征的影响（Fu & Duan，2013）。例如，从微观角度看，当观察到不同代际员工的认知和行为时，学者们提出了不同的理论来解释这一现象。最常见的维度是成熟视角和生命历程视角（Espinoza & Schwarzbart，2015）。成熟视角认为生物发展是行为的主要决定因素，基于这样一个前提，即同一代的成员在他们生命周期的大致相同阶段经历了相同的事件，与他们是哪一代无关。例如，在他们 20 岁出头的时候，长辈认为他们天真、傲慢和冲动，随着他们变得更加成熟，他们就摆脱了这些特征。生命历程的观点强调，宏观事件创造了一个年龄组内大多数人共有的经历。根据这一观点，同代人被视为拥有共同的价值观、态度和共同的观点，这些价值观、态度和观点会伴随他们一生。

当今中国的千禧一代成长在世界和中国发生巨大变化的时代，比如性别平等运动以及显著增长和稳定的经济环境，世界为他们提供了更光明的未来和不断扩大的机会（Codrington，2012）。特别是在中国，1978 年以前，考虑到国有企业的作用，企业之间的竞争微乎其微（Warner，2014）。然而，1978 年后，特别是在 1992 年中国实行社会主义市场经济体制后，市场力量越来越多地决定产品和服务的价格，包括劳动力。企业之间的竞争已经转变为对技术、人才和知识的竞争。从宏观角度看，鉴于这些经济和社会变化，曾经可预测的生命周期阶段被打乱了。

一些经济学家认为，"将经济和行为视角结合起来，研究几代人如何看待工作世界"（Levenson，2010），并开发一个更综合的框架来理解千禧一代的行为是至关重要的。从企业管理的角度来看，这种整合的方法之一是借鉴人力资源管理理论。中国的人力资源管理专业人士遇到独生子女政策下出生的独生子女家庭的千禧一代员工，面临着重新思考千禧一代人力资源管理政策和实践的挑战。在这方面，人力资源管理为分析千禧一代员工的特征和考虑工作的文化和环境背景提供了一个框架。

千禧一代与其他劳动者最重要的两个不同点是，中国的千禧一代出生在独生子女政策下，同时也恰逢中国发展的经济改革和现代化阶段（Che & Tang，2014）。中国的千禧一代受到了父母和祖父母前所未有的关注，这被称为"4－2－1"模式。由于独生子女政策，中国家庭结构的"4－2－1"模式由四个祖父母、两个父母和一个千禧一代的孩子组成。包（Bao，2012）在比较中国"70后"的生活差异时发现，中国的千禧一代更加注重高等教育。然而，进入职场后，千禧一代发现，接受更好教育的优势并没有带来预期的就业结果，导致社会和职业压力增加。童年时期父母和祖父母给予的前所未有的关注和前所未有的物质享受（Stanat，2016）并不一定会在成年生活中带来无限的帮助，因为"中国存在着巨大的价值取向代沟"（Sun & Wang，2010）。孙和王在2010年对2350名中国千禧一代进行的研究中发现，千禧一代将自我成就视为工作中最重要的目标。老一辈的中国人有更传统的价值观，包括为国家做贡献和供养家庭。鉴于这一代际差异，中国的千禧一代员工发现，在工作上很难从父母或祖父母那里寻求帮助，尤其是在谋求职业发展和晋升的过程中。

与西方社会的千禧一代相似，中国的千禧一代重视个人的成功和团队合作，表现出强烈的自尊和自信（Qing & Yang，2010）。一些学者提出，独生子女政策下出生的孩子"以自我为中心，不太合作，不太可能与同龄人相处"（Cameron et al.，2013）。在最近的一项比较研究中，研究人员调查了美国、英国、南非和中国的千禧一代职业成功的三大含义。研究表明，中国的千禧一代最重视财务成就、工作任务的范围和多样性以及工作满意度，而美国的千禧一代则重视财务成就、工作满意度和做出改变（Parry & Urwin，2011；Parry et al.，2012）。许多中国的千禧一代，尤其是自主创业的大学毕业生，有一种"对自我成就的渴望"

"对成功的激情"和"决定自己生活的渴望"（Ren et al.，2011）。赵（Zhao，2016）在对千禧一代员工的访谈中发现，中国千禧一代员工有自己独特的生活方式维度，如愿意面对挑战、重视个人时间和工作生活平衡、不愿加班等。

虽然中国的千禧一代在成长过程中得到了比前几代人更多的关注和关怀，但他们在进入职场后经历了更大的表现压力。这可能是由于许多原因，包括他们需要学会在没有父母帮助的情况下独立和养活自己，以及与其他代际员工竞争机会和发展的挑战。在工作中，中国的千禧一代员工倾向于创造性地表达想法和行为，充分表达自己的意见，当千禧一代员工感到自己的意见被忽视，他们的想法和创造力没有得到充分的认可时，就会产生问题（Fu & Duan，2013）。中国的千禧一代还表现出对他们认为正确的事情的坚持，这与传统的工作方式有所不同。陈和宋（Chen & Song，2014）将中国的千禧一代描述为追求自我实现，以及平等和谐的组织关系氛围。在西方文化的影响下，中国的千禧一代也形成了不同的价值观和人生观，以及对世界的态度。因此，中国千禧一代的价值观和态度创造了一个独特的社会认知框架。

第五节　自我决定理论视角下的中国千禧一代员工分析

文化、经济和环境背景下塑造了中国千禧一代员工的特征，这一代员工的特征重新定义了针对这一员工群体的管理方式。从人力资源管理的角度来看，管理面临的挑战是如何激励千禧一代的员工达到适当的绩效水平。为了分析千禧一代员工的动机，本研究借鉴了自我决定理论（Deci & Ryan，1980）。与其他当代动机理论不同，自我决定理论（SDT）认为，不同的目标追求和获得会影响人们满足基本需求和抱负的程度（Deci &

Ryan，2000）。自我决定理论假设外部环境影响一个人的积极和消极情绪，一个人的需要、想要和愿望对于持续的心理成长、完整性和幸福是必不可少的。

近年来，随着越来越多的中国千禧一代进入职场，千禧一代的需求和抱负与传统雇主的期望并不一致。千禧一代与管理者之间的不一致意味着管理者发现很难将千禧一代员工的职业期望和对成功的乐观情绪联系起来（Espinoza & Ukleja，2016）。2014 年的"千禧一代职场调查"（由中国招聘企业智联招聘进行）报告显示，目前在职的千禧一代中，超过 50% 的人在企业担任重要职位，超过 15% 的人担任中层管理职位。同一年的"智联智联千禧职场生态调查"数据库包含了超过 3.8 亿名员工的数据，以及定期的工作场所调查①。根据这项调查，超过 80% 的千禧一代至少换过一次工作，超过 50% 的人已经换过 4 ~ 5 次工作。假设了解一个企业的基本运作和建立一个人的核心竞争力通常需要大约 2 ~ 3 年，那么与换工作频率有关的数据是相当令人惊讶的。这些数据表明，中国的千禧一代没有经过深思熟虑的职业道路和生活目标（尽管他们有明确的职业期望），企业不知道如何有效地管理千禧一代。

智联 2014 年"千禧一代职场生态调查"数据显示，老一代员工和企业人力资源管理实践对千禧一代员工保持着认知偏见，他们认为千禧一代员工传统观念薄弱、自我约束能力差、个人主义特征过度、有挑战权威的倾向，情绪不佳，精神承受能力差②。另外，千禧一代的员工则把自己描述为负责任、学习能力强、工作能力强、善于独立思考和自信的员工。此外，千禧一代和老一代员工与人力资源经理的反应差异有助于解释这两个群体之间的差异，以及人力资源专业人士在管理千禧一代员工时所面临的挑战。例如，只有 10.5% 的人力资源经理认为千禧一代擅长做一项工作，但 61.1% 的千禧一代不这么认为；只有 15.3% 的人力资源经理认为千禧

---

①②　资料来源：智联招聘网站。

一代抗压力，但 47.4% 的千禧一代不这么认为①。更普遍的问题是，中国的人力资源经理们还不明白是什么真正激励着千禧一代员工。因此，当今中国人力资源经理面临的挑战不仅仅是平衡个人需求和抱负，还包括制定人力资源政策和转型，以更好地管理这些千禧一代员工，并与他们的抱负保持一致。

现有文献较为全面地分析了千禧一代员工的特点以及与传统员工的区别，发现了这一群体员工自身存在的一系列问题，并在此基础之上研究千禧一代员工的特征对其工作行为与绩效以及企业激励措施的选择带来的影响（赵峰和甘亚雯，2017；孙鸿飞等，2016；McGinnis & Ng，2016）。与传统员工不同的是，千禧一代知识型群体员工成长于知识快速更新、信息获取渠道便捷高效的时代背景下。中国这一群体员工大部分都是独生子女，更经历了社会、经济以及家庭结构三重变迁（张一弛，2015）。

根据对现有文献的梳理，我们发现千禧一代员工主要具备以下特征：（1）受教育水平普遍较高、自学能力较强。他们通常对高科技与网络应用很擅长，拥有更多的机遇与挑战。随着信息技术的蓬勃发展与社会节奏的加快，千禧一代员工充分意识到终身学习的必要性，因此他们乐于不断充实自己、持续学习，不断完善职业生涯规划（DeVaney，2015）。（2）乐于接受新事物，勇于创新和改变。在"互联网＋"时代，作为时代弄潮儿的千禧一代员工能够很好地适应快节奏的生活，享受高科技为生活带来的便利。同时，他们也乐于尝试创新与改变，用更新颖、更国际化的眼光来看待事物，对各种新鲜事物有着强烈的好奇心与探索欲（Hershatter & Epstein，2010）。（3）自我意识强，但团队意识相对薄弱。许多千禧一代员工都是独生子女，习惯于以自我为中心，自我意识较强，集体与团队意识比较薄弱（Jang & Maghelal，2016；程垦和林英晖，2017）。另外，由于

---

① 资料来源：智联招聘网站。

受西方文化影响，他们的独立意识比传统员工更强。（4）抗压能力与心理素质较差。由于成长环境的优越性，千禧一代员工经历的挫折相对较少，这也意味着成年后他们中的很大一部分人抗压能力较低，心理素质差，不能以良好的心态面对经历的挫折与困难（Meister & Willyerd，2010）。

传统领导与千禧一代员工在认知上存在诸多差异（Scott et al.，2012）。不同的成长环境与生活经历使得千禧一代员工和传统员工具备不同的心理特征和行为特征，这些都是目前企业管理者目前面临的棘手问题（Crow & Stichnote，2010）（见表4-1）。虽然千禧一代员工接受过更良好的教育，在更优越的环境中成长，拥有较更丰富的资源和更广阔的视野，然而也存在一系列不利于工作绩效的特点，例如，较差的抗压能力和心理素质、较弱的工作责任心，自我意识过强、纪律性较差、跳槽频繁等都成为了现代企业管理者面临的困难和挑战，如图4-1所示，"80后""90后"员工的跳槽比重高于传统员工。

表4-1　　　　　　　　　　传统领导与千禧一代员工认知差异

传统领导	千禧一代员工	主要矛盾
不敢放权，认为员工只要执行好领导人的决策就行	认为没有个人充分发挥的土壤，无法施展才华	吝啬授权
不注重制度建设，以个人直觉代替详细决策论证，凭个人好恶提要求	追求公平、公开、公正的处理方式	管理实践过于个人化
重视"大我"，提倡员工不计较个人得失，努力为组织目标工作	重视"小我"，注重达成个人发展目标	强调遵从组织规范
认为在上下级关系中，下属应当服从上级	认为员工和管理者应当是平等关系	强调上下级管理

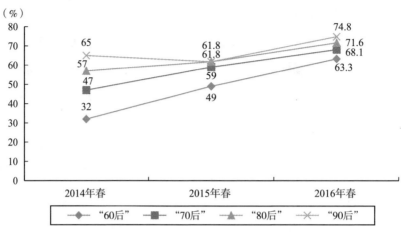

图 4 - 1 2014 ~ 2016 年不同代际白领春季跳槽比重

资料来源：智联招聘网站。

千禧一代员工在工作动机、职业偏好等方面具有鲜明特点，对企业管理带来了较大的影响。这一群体因成为创造社会财富的新生力量被管理者们所重视，也因其鲜明的人格特征和迥异的工作行为向传统企业管理者们提出了挑战（Gutberg，2013；Therrell & Dunneback，2015）。与传统型员工相比，他们有较高的文化程度和不同以往的成功观与就业观；他们向往自由平等的工作环境，却相对缺乏团队意识，承受能力相对较低；他们学习能力、创造能力强，同时也对物质生活和精神认可要求较高（Gutberg，2013；詹雷，2013）。因此，企业不得不面对千禧一代员工高离职率与低敬业度的问题，如何设计面向千禧一代员工个性化特点和需求特征的精准激励机制就成为企业发展所面临的重要挑战。为了进一步探索千禧一代员工的个性化差异以及解决相应的管理难题问题，本研究拟从人格特质、能力与需求特征着手，对这一群体员工进行深入研究与多维度分析。

第六节　千禧一代员工激励匹配机制研究

千禧一代员工呈现出的新特点，同时也意味着他们有着不同于传统员工的需求特征。千禧一代员工受到西方文化及市场经济的影响，价值观更加经济务实，消费观也比较前卫（D'Netto & Ahmed，2012）。同时，这一群体员工，尤其是初涉职场的"90后"员工，资本积累较少，工资待遇较低，造成生活经济压力普遍较高，因此，他们对薪酬福利等物质条件的需求相对较高（Farrell & Hurt，2014；Lippincott，2012）。

除了物质需求，非物质需求对于千禧一代员工也有着举足轻重的分量。他们在马斯洛需求层次中占有较高的层次，因而工作上的成就感对他们来说有时甚至超越了物质的重要性（Fenich et al.，2014）。一方面，身处机会与挑战并存的社会竞争中，千禧一代员工迫切需要更新知识与自身技能，使自身具备可转移的竞争力；另一方面，他们重视企业为自己提供的发展机会与晋升空间，具备与时俱进的知识与技能，希望通过自己的努力得到上级的赏识与肯定，取得工作上的成就，并获得工作能力与职位的提升（Bari et al.，2013）。

另外，千禧一代员工比传统员工对企业的依赖程度低，不喜欢被各种规则约束，更崇尚弹性工作制度以及突显个人风格的工作方式（DeVaney，2015；Nordin & Malik，2015）。千禧一代员工大多受教育程度较高，具备较强的学习能力和创新思维。他们思维敏捷，对新事物接受程度较高，只要他们愿意发挥创造性思维和自身的技术能力，就能很好地推进技术的进步，加速产品和服务的更新换代，使企业的自主研发与创新能力大大提升（Robert & Newsline，2005）。因此，千禧一代员工希望有更多的自主权，自我引导与自我管理往往被运用于工作之中。

非正式组织关系与开放式群体氛围也是千禧一代员工追求的重点。与传统员工相比，他们往往淡化上级权威和权力，更重视自我关系的维护（Pearson et al.，2010）。由于在成长过程中经历的挫折较少，他们往往具有较强的自信心与优越感，导致受挫承受力较低，不具备吃苦耐劳的精神（Kuhl，2014）。一旦遭受挫折就容易产生较大的心理落差，很难调试。他们也渴望与他人的情感交流，期望得到交往群体的尊重和信任以及企业、上级与同事的认可（Ng et al.，2010）。

由此可见，千禧一代员工在物质、精神需求方面与传统员工存在较大的差异，同时也展现出个性特征的多元化表现，给企业管理者带来了一系列的挑战。因此，如何充分了解这一群体员工的真实诉求并给予满足，使激励机制的效果最优化，已经成为学者们亟待解决的重要研究问题。

探索中国当前千禧一代员工的人力资源发展和转型也很重要。中国的劳动力管理方式正在从计划经济体制下比较传统的劳动人事管理模式向社会主义市场经济体制下比较现代的人力资源管理模式转变（Zhao & Du，2012）。在 21 世纪，人力资源管理作为国家竞争力的基本要素，已经提升到国家战略的层面，员工日益成为企业发展的中心因素。赵和杜（Zhao & Du，2012）将中国人力资源管理的发展分为三个阶段，即引进阶段、探索阶段和系统强化阶段。其他学者将这种发展分为早期、中期和晚期这三个阶段（Warner，2009）。特别是在后期阶段（主要在 21 世纪初），华纳（Warner，2009）认为"大型中国企业，特别是那些涉及合资企业……实施实质性的人力资源管理系统。在这个后期阶段，战略人力资源管理维度已经得到了实质性的关注。"华纳（2009）指出，在战略人力资源管理的研究中，高性能工作系统（HPWS）已经"在中国的跨国企业、私营企业和国有企业中得到普及"。高性能工作系统作为战略性人力资源管理的一个组成部分，"包括与员工共享信息、提供强化培训以发展技能、将薪酬和奖金与绩效评估挂钩等实践"（Qiao et al.，2019）。随着高性能工作系统的引入，更年轻、受教育程度更高的中国员工更能接受人力资源战略管理以及组织改革（Warner，2014）。

中国人力资源管理转型的新阶段始于 2016 年的"十三五"规划。中国经济正在慢慢远离依靠基础设施建设和出口导向型经济增长进而转变为内需和高附加值增长（Koleski, 2017）。这对整个行业的影响是重组、人才保留的需要，以及人力资本投资。随着中国产业结构的变化，仍然存在高失业率和供过于求的劳动力市场（Wang, 2016）。随着管理层平衡员工、企业和市场驱动经济的需求，中国的人力资源管理需要更多地强调战略性的人力资源管理方法，将人力资源需求和预测与全企业战略的实施相结合。

千禧一代员工成长在科技高速发展和社会文化高度繁荣的知识经济时代，在个性特征、价值理念和思想观念等方面与其他代际员工存在较大差异，作为重要知识载体，他们被视为企业竞争、知识创造与增值、资源合理配置的中坚力量（Roehl et al., 2013; Nordin & Malik, 2015）。千禧一代员工一般特指 20 世纪八九十年代出生，已进入职场且具有职高及以上学历的员工，他们获取信息的渠道更多，更容易接受新生事物，受教育水平普遍较高，勇于创新和改变，有着强烈的好奇心与探索欲，在工作中追求自我实现，渴望工作成果和工作能力被肯定（赵峰和甘亚雯, 2017; Jang & Maghelal, 2016）。当前，"80 后"员工已经成为职场上的核心力量，"90 后"员工也逐步跨入职场，在这个千禧一代员工的群体中涌现了越来越多的"知识型员工"。受瞬息万变的时代环境因素影响，千禧一代员工的工作动机与职业偏好等方面的特征与传统型员工存在较大差异（Grant, 2019）。管理者需要紧密结合千禧一代员工的独特属性与需求，实施与之相匹配的精准式激励策略，以实现企业与员工的共同发展（Monaco & Martin, 2017）。因此，如何激发千禧一代员工的主动性和创造性，激发其对工作的敬业度与忠诚度，成为学术界与实务界共同关注的重要研究问题。

现有研究表明，在就业信息通畅发达的背景下，千禧一代员工过高的离职率已经成为一种普遍的社会现象，背离了人才合理流动的规律，对用人企业与社会带来了不利影响（孙鸿飞等, 2016; McGinnis & Ng, 2016;

Borge et al.，2010；Ng et al.，2010）。千禧一代员工对企业的归属感及认同感不高，工作的敬业度和忠诚度普遍偏低，抗压能力与心理素质也相对较差，调查结果显示，超过50%的千禧一代员工没有组织归属感，看不到企业未来发展前景，且随时都在寻求新的工作机会（Farrell & Hurt，2014）。高离职率的背后，一方面，千禧一代员工没有得到管理者足够的认知、了解，以及行之有效的激励策略。另一方面，千禧一代员工个性、能力突出，就业选择多样，在不满足于就业现状时，容易成为敬业度较低的"跳槽一代"（赵峰和甘亚雯，2017）。千禧一代员工较低的敬业度与较高的流动率，势必会影响其工作绩效，增加人力资源成本，为企业的发展带来阻力（王聪颖等，2017）。因此，如何针对千禧一代员工的具体特征，制定行之有效的激励策略，成为了该领域研究者最为关注的话题。泰瑞尔（Therrell，2015）等认为，应当从千禧一代员工的心理需求因素出发，根据其需求制定不同的激励策略，提升其工作绩效表现。例如，窦胜宇（2018）认为，单一形式的激励会使知识型员工产生疲劳的心情，企业在激励知识型员工的时候要注意形式的多样化。鲍春晓（2018）认为，适度增加千禧一代员工的相对自主权利，减少程序化任务权重，能够增强其自我成就感。徐光等（2016）从心理契约理论出发，提出应当从交易维度、关系维度和团队维度三个方面提升国内千禧一代员工的主动创造性。

首先，通过以上文献梳理可以发现，现有研究对千禧一代员工个性特征的探讨仍停留在单一化特征分析，如心理因素、价值观、需求特征等因素对工作行为或组织绩效的影响（王聪颖和杨东涛，2017；Therrell et al.，2015；Lippincott，2012；Kuhl，2014），缺乏对这一员工群体多元化特征的综合考虑，对其个性表征及测度指标的认知框架和测量体系还不够完善（Roehl et al.，2013）。其次，目前该领域研究主要以质性研究为主，欠缺定量研究方法，特别是实地访谈、案例分析等实证研究方法，无法对千禧一代员工的个性特征进行识别及分类，更无法进一步精准匹配激励策略。生成式对抗网络（generative adversarial networks，GANs）是深度学习重要模型之一，目前主要应用于语音识别、人脸识别、药物匹配等领域。本研究选取的千禧一代员工的个性表征向量均满足 GANs 模型的输入要求，利用 GANs 模型为样本"画像"及分类（Liu & Tuzel，2016），构建"共生"激励匹配模型，对各类千禧一代员工匹配相应的激励策略。通过有针对性地设计激励体系，实现千禧一代知识性员工个性特征与激励策略的有效匹配，达成企业与员工"共生共赢"、和谐发展的有利局面。

基于此，本章节从人力资源开发与管理的角度出发，分析现阶段千禧一代员工管理中普遍存在的问题，运用数学模型对千禧一代员工的个性化特征精确识别，在生成式对抗网络（GANs）的模型框架下，对千禧一代员工个性化特征进行提取和更高维的抽象，对样本精准分类，并由此设计适合千禧一代个性化、特色化、精准化的员工激励匹配体系，结合激励管理的有效实施，增强千禧一代员工对企业归属感和幸福指数，有效激发员工潜力与创造力，提升敬业度，降低其离职意向，促进组织承诺，提高工作绩效，为降低因频繁跳槽而引起的社会资源浪费与企业的良性发展提供管理对策。

一、千禧一代员工的精准式激励机制研究

一些学者指出，传统的管理模式与相对单一的激励措施无法满足千禧一代员工个性化和多元化的需求，因而激励效果并不明显，其弊端也日益明显，具体体现在以下四个方面：（1）激励约束政策缺乏针对性：千禧一代员工乐于接受新技术、善于学习、创新能力强，但同时抗工作压力能力较弱，容易突出个人而弱化团队，企业的激励机制往往缺乏对这一群体特征的针对性；（2）激励约束方式缺乏多样性：激励机制主要包括物质激励和非物质激励两个方面，而传统的激励方式和手段都相对单一，无论从物质层面还是非物质层面都缺乏多样性，无法有效达到激励目标

（Grant，2019）；（3）激励约束模式缺乏灵活性：国内企业的绩效激励体系大多源自西方发达国家，虽与国内现状和企业自身情况做了相应结合，但其灵活性还无法满足千禧一代员工的激励需求（Appelbaum & Kamal，2010）；（4）激励约束结果缺乏反馈性：由于千禧一代员工的激励需具有多样性和灵活性等鲜明特点，激励机制的效果反馈尤为重要。只有做到激励效果的及时反馈，才能有效地调整激励体系，更好地适应千禧一代员工的激励需求（Gutberg，2013）。

针对当前中国企业激励机制的弊端，结合千禧一代员工的特点，国内学者先后提出了不同的解决方案。宋超等（2011）针对这一群体提出了物质与精神激励并举的激励方式，主要包括：物质方面建立与绩效挂钩公平合理的薪酬体系；以精神激励，如信任、尊重、职业生涯设计等，诱发千禧一代员工的积极性和主动性。不依赖僵化的工具和指标进行管理，注重引导他们领悟工作内涵，主动承担，为其建立使命感等。学者杨骏在调查研究基础上提出的千禧一代员工激励模型主要内容包括工作任务、个人成长、企业发展条件和组织工作氛围等。宋煌萍以这一特定人群的工作动机和特点为基础，讨论了知识型员工的非物质激励策略。李晓婷（2016）主要针对千禧一代员工的高离职率和独特的就业观进行研究，向企业提出了完善制度，改革激励机制等一系列建议。姚月娟（2018）提出了包括对千禧一代员工给予充分的信任与认可、为这一群体建立多样化在学习和培训体系、实施激励性薪酬等多元化激励措施。

关于激励机制的分类，马斯洛的需求层次理论、赫兹伯格的双因素理论以及戴维·麦克利的成就激励理论都将员工的激励需求分为物质性需求和精神（非物质）需求两大类。千禧一代员工往往对于非物质激励尤其重视，国内外学者对于非物质激励的构成要素有不同的描述。阿佩尔鲍姆和卡莫尔（Appelbaum & Kamal，2010）通过对小型企业的员工进行调查发现，丰富化的工作、对员工工作的认可、公平的薪酬体系以及灵活的管理技巧等精神激励因素起了重要作用。古特堡（Gutburg，2013）认为企业的非物质激励应主要包括关怀激励、认同激励、尊重激励、参与激励、培训激励、人际关系激励和工作灵活性等方面（Gutberg，2013；苏中兴，2010）。学者蒋勤峰（2016）认为非物质激励应从人才发展、尊重员工、管理手段和工作环境这四个方面进行分析。吕萍（2019）则将非物质激励抽象为三个维度，即工作激励、个人激励和环境激励。

通过对以往研究的梳理，我们发现尽管学者们对千禧一代员工的需求特征进行了多种角度的探讨，然而，精准式激励机制的相关研究却相对匮乏，激励策略设计缺乏针对性。因此，本研究拟构建共生激励匹配模型，制定适合千禧一代员工需求特点的激励策略，优化企业激励机制，更好地发挥这一员工群体的价值和作用，提高其工作热情与绩效。

二、生成式对抗网络 GANs 模型的相关研究

深度学习作为机器学习的一个重要分支已广泛应用于计算机视觉、语音识别、自然语言处理等多个工程领域，其本质是通过构建具有很多隐藏的机器学习模型和海量的训练数据，学习更有用的特征，从而最终提升分类或预测的准确性。"深度模型"是手段，"特征学习"是目的（Hinton & Salakhutdinov，2016）。这一本质特征可以使其应用于千禧一代员工个性化特征模型构建中。

作为深度学习重要模型之一的生成式对抗网络（GANs）是古德费罗等（Goodfellow et al.，2014）在 2014 年提出的一种生成式模型，已经成为非监督学习中最重要的方法之一。相对于自动编码器和自回归模型等非监督学习方法，GANs 具有能充分拟合数据、速度较快、生成样本更锐利等优点（Goodfellow et al.，2014；Radford et al.，2015）。GANs 的优化是一个极小极大博弈（minimax game）问题，优化目标是达到纳什均衡，使生成器估测到数据样本的分布（刘文奇，2016）。在当前的人工智能热潮下，GANs 的提出满足了许多领域的研究和应用需求，同时为这些领域注

入了新的发展动力，日益成为人工智能学界一个热门的研究方向，著名学者（LeCun，2018）将其称为"过去十年间机器学习领域最让人激动的点子"。作为一种生成式方法，GANs 对于生成高维数据所采用的神经网络结构对生成维度没有限制，这样在很大程度上就扩大了生成数据样本的范围。同时，它所采用的神经网络结构可以整合各类损失函数以增加设计的自由度。在训练过程方面，与其他深度学习模型相比，GANs 创新性地将两个神经网络的对抗作为训练准则，而且可以反向传播训练，效率大大提升的同时，也改善了生成式模型的训练难度和效率（见图 4-2）。

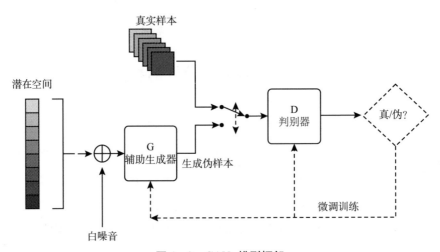

图 4-2　GANs 模型框架

GANs 模型基本框架（见图 4-2）中包含的生成模型（G）和判别模型（D），主要目的是由判别器 D 辅助生成器 G 产生与真实数据分布一致的伪数据（Arjovsky & Bottou，2017）。模型的输入为随机高斯白噪声信号 z；该噪声信号经由生成器 G 映射到某个新的数据空间，得到生成数据 G（z）；接下来，由判别器 D 根据真实数据 x 与生成数据 G(z) 的输入来分别输出一个概率值，表示 D 判断输入是真实数据还是生成虚假数据的置信度，以此判断 G 的产生数据的性能好坏；当最终 D 不能区分真实数据 x

和生成数据 G(z) 时，就认为生成器 G 达到了最优。D 的目标是区分两者，使 D(x) 尽量大而同时使 D(G(z)) 尽量小，两者差异尽可能大；而 G 的目标是使自己产生的数据在 D 上的表现 D(G(z)) 尽量与真实数据的表现 D(x) 一致，让 D 不能区分生成数据与真实数据（Liu & Tuzel，2016）。因此，模块的优化过程是一个相互竞争相互对抗的过程，G & D 的性能在迭代过程中不断提高，直到最终 D(G(z)) 与真实数据的表现 D(x) 一致，此时 G 和 D 都不能再进一步优化。该优化过程可建模成朴素 minmax 问题（Arjovsky & Bottou，2017）：

$$\min_G (\max_D D(x)) - D(G(z))$$

其中，minmax 最优化公式定义如下：

$$\min_{qG} \max_{qD} V(D, G) = \min_G \max_D \left\{ \begin{array}{l} E_{x:pD}[LogD(x)] + \\ E_{x:pG}[Log(1 - D(G(z)))] \end{array} \right\}$$

其中，目标函数与朴素 minmax 问题相比，主要有三个变化：（1）加入求对数操作：对数算子的变换可以缓解数据分布偏差问题，比如减少数据分布的单边效应的影响、减少数据分布形式上的波动等。（2）加入求期望的操作：通过拟合 G(z) 得到的分布与通过拟合 x 得到的分布尽量一致，不同于要求各个 G(z) 本身和各个真实数据 x 本身相同，这样才能保证 G 产生出的数据既与真实数据有一定相似性；同时又不完全同于真实数据，提高了模型的泛化能力。（3）- D(G(z)) 改成 1 - D(G(z))（Springenberg，2015）。GANs 模型不要求预先设定数据分布，即不需要公式化描述 p(x)，而是直接进行采用，理论上可以完全逼近真实数据，这也是 GANs 最大的优势（Chen et al.，2016）。

相对于传统的浅层学习，深度学习技术具有更好的特征提取与表征能力，更高维的抽象能力和更具深度和广度的模型扩展能力。GANs 的优点还在于，GANs 框架理论上可以训练任何生成网络，大多数其他框架需要生成器有一些特定的函数形式，比如输出层必须是高斯化的；GANs 可以训练生成靠近真实数据的地方产生样本点的模型，其他框架需要生成器整个都是非零权值；GANs 没有必要遵循任何种类的因子分解去设计模型，所有的生成器和鉴别器都可以正常工作；生成过程不需要频繁地采样序列，可以直接进行新样本的采样和推断以提高新样本的生成效率（Goodfellow，2016；Radford et al. ，2015）。生成式对抗网络 GANs 对于自动编码器和自回归模型等非监督学习方法具有能充分拟合数据、速度较快、生成样本更锐利等优点（Liu & Tuzel，2016）。目前 GANs 模型已被运用于多个领域的研究，这一技术正在吸引着越来越多学者的关注。GANs 中的生成模型与判别模型如同一个黑匣子，接受输入然后输出，其本质是一个输入输出映射。二者的不同点在于，生成模型是一个样本生成器，输入一个噪声/样本，继而把它包装成一个逼真的样本，即输出；而判别模型则是一个二分类器，用以判断输入样本的真伪。在对千禧一代员工特征进行识别与分类的过程中，我们仅获取被调查样本的人格特质、能力特点和需求特征等样本信息，并没有这些数据集的类标签，也就是说我们并不知道这些特征对应的是哪一类型员工。GANs 模型的本质特征与用途正是对这一系列没有类标签的数据集进行识别与分类。因此，本研究选取 GANs 作为对千禧一代员工个性化特征建模与激励机制匹配研究的模型框架。目前还没有将 GANs 方法与千禧一代员工激励机制匹配相结合的研究，作为一个前沿的交叉学科研究，本研究拟构建基于 GANs 的千禧一代员工激励机制匹配模型，对每一位员工进行精准"画像"，制定适合每一位千禧一代员工需求特点的激励策略，优化企业激励机制。

首先，现有研究已有对千禧一代员工个性特征的探究，但多数研究只针对千禧一代员工单一化特征，如心理因素、价值观、职业倾向等因素对工作行为或组织绩效的影响，欠缺对这一群体员工多元化特征的综合考虑，也缺乏对于中国文化背景下的千禧一代员工的深度解析，对其个性表征及测度指标的认知框架和测量体系还不够完善。其次，目前该领域研究主要还是以质性研究为主，缺乏实证数据的支持与检验，还没有先进成熟的数学模型对千禧一代员工的个性化特征进行识别及分类，无法对其人格特质、能力特点及需求特征等进行多维度的"画像"。此外，现有研究未针对这一群体员工进行分类细化，设计与之精准匹配的激励策略，并预测及检验共生配模型在实践中的运用和效果，这将是本研究着力解决的一个重点问题。综上所述，本研究拟在中国文化背景下研究千禧一代员工的激励问题，通过调查收集案例与数据，实证性地探索这一群体员工的个性化特征与多元化需求，构建与之相匹配的激励策略，以解决目前中国企业所面临的棘手问题。具体而言，我们在界定并明晰中国千禧一代员工的人格特质、能力与需求特征、激励机制匹配策略的内涵及其作用机理的基础上，构建基于 GANs 的千禧一代员工个性化特征模型，探究有效的激励机制匹配以及共生激励匹配效果、影响路径及影响机理，以促进企业的可持续发展。

三、基于 GANs 模型的千禧一代员工共生激励匹配

本研究基于需求层次论、期望理论、权变理论、工作动机理论，结合深度学习技术中的 GANs 模型框架与交互匹配方法，在前人研究的基础上，立足中国企业管理实践，以千禧一代员工的分类与激励匹配为研究对象，开展企业调查收集案例与数据，进行数学建模，分析并研究这一员工群体的个性特征与需求，探索其对当代企业发展的影响及企业面临的管理难题。本研究旨在深入了解并厘清不同激励策略对各类千禧一代员工的作用机理，构建共生激励匹配模型，制定适合千禧一代员工需求特点的激励策略，优化企业激励机制，更好地发挥这一员工群体的价值和作用，提高其工作热情与绩效。本研究的总体研究思路与内容框架如图 4 - 3 所示，具体从以下四个方面开展。

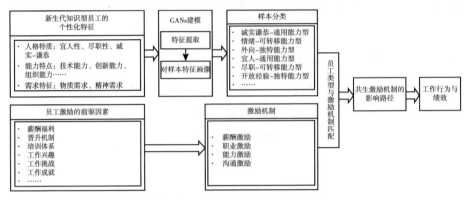

图 4 - 3　本章研究思路与内容框架

1. 激励匹配模型中千禧一代员工个性表征及测度指标研究

本部分的研究主要界定中国文化背景下千禧一代员工的人格特质、能力与需求特征的具体内涵、维度划分及其测量量表的开发和检验。本研究在实证探讨概念模型中各变量关系前，首先要明确界定在中国企业治理背景下千禧一代员工个性化特征与激励策略的全部内涵与相关维度，并从中提取可供实证研究的测量量表。因此，首先要建立和开发千禧一代员工个性化特征的测量变量与测度指标。在文献回顾的基础上，本研究对概念模型中的千禧一代员工个性化特征、需求特点、激励机制匹配等做了明确的界定与测量量表。其中对于员工的人格特质，本研究拟在李和阿什顿提出的 HEXACO 人格结构模型的基础上（Lee & Ashton，2004），结合中国千禧一代员工的性格特征开发量表，该量表具体包括诚实—谦恭（honesty-humility）、情绪性（emotionality）、外向性（extraversion）、宜人性（agreeableness）、尽职性（conscientiousness）与开放经验性（openness to experience）六个维度。目前，该领域缺乏利用人格结构模型对中国千禧一代员工个性化特征进行研究，并探索这一群体员工的独特性与差异性，以此为基础对员工进行"画像"与分类。一方面，对于千禧一代员工的能力特点，本研究拟选取通用能力、可转移能力、独特能力等对这一群体员工进行刻画。另一方面，对于千禧一代员工的需求特征，我们拟从物质需求与非物质需求两个方面进行讨论和分析。对于各个表征数据的采集，本研究通过设计基于计算机自适应测试（computerized adaptive testing，CAT）的网络问卷调查对多家企业进行问卷收集。与传统的纸笔问卷截然不同，CAT 问卷的主要优势就是要为每一位参与者量身打造一份问卷。用CAT 的方式来收集问卷数据，能够缩短问卷填写时间，提高问卷的回收率和数据的真实性。我们初步计划在全国范围内 10 个省份抽样 200～300 家企业进行数据收集工作。问卷调查对象为高新技术企业、IT 与教育行业等支持调研单位的技术性、管理类等岗位的千禧一代员工，他们将在网络上完成并提交问卷。

2. 基于 GANs 的千禧一代员工个性特征建模与分类

相对于传统的浅层学习，深度学习技术具有更好的特征提取与表征能力，更高维的抽象能力和更具深度与广度的模型扩展能力。基于这些优势，本研究选取 GANs 作为激励机制匹配研究的模型框架，拟构建千禧一代员工个性化特征模型，对样本进行精准"画像"与分类。本部分的研究主要包括三方面的内容，如图 4 - 4 所示。

图 4 - 4 基于 GANs 的千禧一代员工个性化特征模型构建流程

（1）分析并处理反映千禧一代员工个性化特征的表征向量，以满足GANs 模型的数据输入要求。GANs 是一类在无监督学习中使用的神经网络，GANs 已经应用于语音识别、人脸识别、药物匹配等领域。与这些领域相似，千禧一代员工的各个性表征向量，如人格特质、能力特点、需求特征等一系列的个性表征变量可以转化为类似语音数据的一维向量，以满足神经网络的输入要求。

（2）利用 GANs 的自回归模型与深度学习方法，将千禧一代员工总体样本进行特征提取，输出每一个样本的分类标签，并对分类结果进行稳健性分析。样本数据输入后，GANs 模型将其抽象为更高维向量，以提高特征提取与表征能力，模型所输出的结果即为每一个样本的分类标签（如诚实谦恭—通用能力型员工，或开放学习—可转移能力型员工等），能够更精准地为每一个样本"画像"与识别分类。

（3）深入刻画和分析不同分类群组下千禧一代员工的"画像"特征，检验"画像"的有效性与异质性。待每一个样本的标签分类生成后，检验输出结果的有效性与各组标签分类的异质性，优化 GANs 模型。

3. 千禧一代知识性员工激励机制选择与体系建构

本研究通过对员工激励前驱因素的探究，结合千禧一代员工的特征，选取与中国管理情境相适应的激励策略组合，对比分析不同激励机制的特点与作用，并与不同类别的员工群体进行匹配。

关于企业的激励策略选择，本研究选取薪酬激励、职业激励、能力激励与沟通激励 4 种激励管理形式进行分析。

4. 千禧一代知识性员工激励机制选择、影响路径及影响机理研究

在本部分的研究中，我们将基于 GANs 建模方法获得的千禧一代知识型群体员工分类，制定有针对性的有效的激励机制，从而更好地促进千禧一代员工的工作绩效和敬业度。为了解决这一研究目标，我们主要从以下三个方面来开展该项研究：

（1）检验不同类型的千禧一代员工与各类激励机制对千禧一代员工的工作行为与绩效等变量的交互影响效果。交互匹配的研究文献已经指出，当员工类型和激励机制对于结果变量的交互作用为正向影响时，说明

员工类型和激励机制是匹配的，反之则是不匹配的。通过交互匹配机制研究，以及有效识别针对不同类型的千禧一代员工，管理者可以选取最优的激励策略集合。

（2）检验同类型的千禧一代员工和各类激励机制对千禧一代员工的工作行为与绩效等变量的交互影响的差异性影响效果。通过对比分析不同类型的激励机制对于同一类型的千禧一代员工的线性或者非线性影响，从而识别出该类型的千禧一代员工最有效的激励机制。

（3）检验不同类型的千禧一代员工和各类激励机制对千禧一代员工的交互影响作用的影响路径，通过文献整理和理论分析，结合"供给—需求""授权—成长"等不同的理论模型，探索和设计不同层面的中介变量，揭示千禧一代员工和激励机制对于千禧一代员工的敬业度、工作行为以及绩效的影响机理。这些中介因素主要包括工作满意度、人员—组织适应性、职业延迟满足等。其中，职业延迟满足（vocational delay of gratifi-cation，VDOG）是人们在职业生涯中的延迟满足，是为了更好地完成工作任务、更多地获得利益回报、达到更高的职业目标等一系列更有价值的长远结果，而甘愿放弃休息、娱乐或冲动行为等无利于当前工作的即时满足机会的自我调控能力。这一理论强调人们为了实现长期职业目标，克服职业生涯中即时满足的冲动和诱惑的选择倾向，并为审视和解释个体职业生涯发展提供了新的视角（Mischel & Ayduk，2004；Magen & Gross，2007；Bembenutty，2010），作为个体的心理因素，对千禧一代员工的敬业度具有更加直接的作用（王忠军等，2012）。本研究在验证千禧一代员工激励机制匹配对工作行为影响的基础上，引入了职业延迟满足、人员—组织适应性等中间变量，在中国情境下探讨激励机制匹配是否会通过这些中介变量来影响千禧一代员工的工作行为，以便为管理者针对性地开展激励机制匹配管理、优化激励效果、提升千禧一代员工的职业延迟满足水平、改善这一群体员工的敬业状况，提供相应的支持性理论模型和行之有效的管理工具。

本章节将 GANs 模型与共生激励匹配有机结合，研究千禧一代员工与激励机制的有效匹配，并对激励策略进行有效性与合理性评价，探索有中国特色的千禧一代员工的精准式激励机制，以提升这一群体员工的敬业度与认同感，同时降低其离职意向，促进组织承诺，提高工作绩效，最终实现企业的良性发展。

第五章

基于悖论视角的领导—员工多层面互动研究

随着企业创新对全球经济作用的不断加强，企业的创新能力对组织发展的重要性愈发突显（Shalley et al.，2017）。创新是引领发展的第一动力，是建设现代化经济体系的战略支撑，也是组织获取生存资源和竞争优势的力量之源。然而在当前中国本土情境的创新实践中，企业的创新能力仍有待进一步提升（李东红等，2020）。研发是将技术优势向竞争能力和潜在市场利润的转变，也是一个企业赖以生存和持续发展的基石。高新技术企业的研发活动主要包括获取新的科学、技术知识，以及对现有产品或服务的技术和工艺进行质的改进。研发人员拥有技术创新知识和开发应用能力，是现代企业的特殊群体，其研发成果对企业长期稳定发展具有重要影响。研发人员相对于企业其他部门员工更具开拓精神和创新意识，倾向于在相对独立、宽松的环境下探索新领域，研发新产品。因此，他们倾向于拥有更广阔的发展空间和较宽松的工作环境。另外，由于企业竞争日趋激烈，作为企业核心竞争力的高水平研发工作人员，已经成为企业竞相争夺的战略性资源。在这种环境下，研发人员拥有比其他部门员工更多的流动机会。因此，管理者有必要针对这一员工群体自主意识和流动性较强的特点，开展有针对性的激励与互动，增强其工作热情和忠诚度，提高创新力。

组织创新力的提升需要有效处理组织内外部的各种矛盾。现有研究普遍认为，组织的大部分核心活动都存在矛盾，如封闭与开放、集中与分散、效率与灵活性等。因此，学者们更多地关注从悖论的角度将组织视为一个充满矛盾的复杂动态系统，以"动态均衡"的态度对待组织中的矛盾，而不是"非此即彼"。我国企业的管理模式和商业实践深受儒家、道家等哲学文化价值观的影响，更容易形成对组织矛盾的悖论式管理方式。"悖论"（paradox）表示相互矛盾但又彼此关联的元素，这些元素在孤立时似乎是合乎逻辑的，但在同时出现时却毫无意义且不合理。悖论理论（paradox theory）代表了积极向上的修正（Lavine，2014）。悖论理论认为对于长期、高水平的绩效，组织需要能够适应相互竞争的需求之间的紧张关系，并同时关注这些需求。许多研究将悖论集中在管理层，但需求之间的矛盾也会出现在组织的执行层面，并可能给员工带来压力的目标冲突。高新技术企业研发部门的领导与员工之间，同样存在着相互矛盾而又彼此关联的目标与利益冲突。因此，本研究选择悖论理论作为理论基础，以"悖论"视角来审视各层面互动中的矛盾与关联，最大限度地满足各主体之间的竞争性需求，由此提升高新技术企业研发部门的双元创新能力，即组织同时进行探索式创新和利用式创新的能力。

在中国组织情境中，关于领导与员工互动的相关文献主要探讨了工作范畴内的领导—员工交换（leader-member exchange，LMX）（Cropanzano et al.，2017；Little et al.，2016；Martin et al.，2016）和非工作性交往的领导—员工关系（supervisor-subordinate guanxi，SSG）等相关主题（Zhang et al.，2016；He et al.，2019；冯蛟等，2019）。学者们大多以领导或员工为中心独立进行研究，关注领导对员工或员工对领导单方面的影响，这些研究为我们理解领导—员工互动提供了一定的理论基础，然而忽略了二者多层面互动关系和互动过程对组织双元创新力可能产生的影响，制约了企业的创新发展。因此，本研究着重探索"基于悖论视角的领导—员工多层面互动（leader-member multi-level interaction，LMMLI）对企业研发部门双元创新力的影响研究"这一主题。在对现有文献研究的基础上，把组织创新与领导—员工在工作中多层面的互动关系有机结合，促进企业研发部门双元创新力的提升。企业的创新实践和创新力受到众多因素的影响，领导和员工在企业的创新实践中也存在着各种错综复杂的制约关系和相互影响，二者彼此联系、相互依存、相互激发，共同影响和推动企业的创新。一方面，领导通过对员工的价值认同、激励性语言、创新意义给赋等方式引导和激励员工的创新行为；另一方面，员工通过建言、逆向辅导等方式影响领导的行为和决策。在高质量的领导—员工关系氛围中，员工能够获取更多心理支持，更有可能从领导那里获得与工作领域相关的知识与认同，激发他们产生更多的创造性思维（Wang & Fang，2015）。同样地，高质量的领导—员工关系也会对领导力产生积极影响，例如，员工可以向领导提供辅导和反馈，领导通过这种方式从员工身上学到前沿的技术知识和创新思想，进一步优化企业的创新策略。此外，领导对员工的信任程度越高，也会增加对其额外角色绩效的期望，如创新绩效的期望，而较高的期望值又会促进员工的内在创新动机。因此，在有效的互动过程管理机制下，领导和员工能够实现基于创新实践的良性互动，最终提高组织的双元创新力。

虽然组织创新管理已经得到了理论研究者和企业管理者的重视，然而在中国企业实践中，如何有效地组织和管理员工的创新实践，提高组织的双元创新力，依然面临很多现实挑战。首先，在互动过程中，企业领导与员工可能存在不同的角色特征、心理特征和创新动机，互动意愿的不同将会导致互动动机和互动导向的差异（DeVaney，2015）。因此，辨明互动过程中领导与员工差异化的动机和导向，并建立意愿促发机制来激励双方主动融入 LMMLI 是提高组织双元创新力的关键任务之一。其次，在互动过程中，只有通过领导与员工之间的协同行为，才能促进知识分享和优势互补，保障企业创新实践的顺利开展（Kremer et al.，2019）。因此，识别多层面互动中领导与员工差异化的互动行为，并建立行为控制协调机制以保障二者互动行为的有效开展是提高组织双元创新力的关键任务之二。此外，LMMLI 是基于双方情感（如信任、满意等）的互动过程，然而在实际互动过程中，由于领导与员工之间认知差异和价值多样性等因素，双方会出现目标分歧、价值冲突、情感矛盾等关系紧张的局面。因此，明确基于"悖论"视角的领导与员工之间多层面的互动关系，并建立关系管理机制以促进二者的良性互动是提高组织双元创新力的关键任务之三。最后，LMMLI 是在特定的雇佣关系模式下开展的，雇佣关系模式对员工的创新实践和组织创新力有着重要的意义（马跃如等，2018）。因此，理解组织特定的雇佣关系模式在组织创新实践中所发挥的作用，并厘清多层面互动管理机制发挥作用的边界条件，是提高组织双元创新力的关键任务之四。

本章研究针对组织创新实践，从"悖论"视角探索 LMMLI 对提升组织双元创新力的影响，揭示了互动过程对组织双元创新的重要作用，为进一步解读 LMMLI 对组织双元创新的重要性提供理论依据。通过对雇佣关系模式权变影响作用的研究，解读特定雇佣关系模式下 LMMLI 过程管理机制在企业运用中的情景依赖性，从理论上进一步补充了互动过程对组织双元创新力的影响作用。此外，在中国组织管理情境中，研究和实施提高组织双元创新力的战略措施有着重要的实践意义：（1）提高组织双元创新力是企业应对市场竞争和创新瓶颈的有效手段。一方面，"悖论式"LMMLI 能够提高员工的组织支持感和内部人身份感知，进而激发其建言行为和创新行为等；另一方面，通过 LMMLI，悖论式领导能够清楚掌握员工的心理特征、价值体系和工作需求，也可通过"逆向辅导"等多层面互动方式达到知识分享、优势互补的作用，提升自身的领导能力，形成与员工的良性互动关系。（2）实施"悖论式"LMMLI 是企业采取创新导向战略中增进领导—员工关系和员工忠诚度的管理需要。现有研究表明，领导与员工的积极沟通能够加深彼此之间的理解，领导能够及时发现员工的工作和创新实践中遇到的难题并给予关怀和支持，有助于员工工作积极性和组织归属感的提升，企业领导也能在反复的沟通过程中进行工作部署、战略目标等方面的调整，使创新实践中涉及到的人员和资源得到有效调配。在中国组织情境下，建立有效的"悖论式"互动过程管理机制，管理LMMLI过程，从而提高组织的双元创新力，已经成为推动企业发展和实施创新驱动发展战略的重要实践问题。

第一节　领导—员工多层面互动相关研究

一、悖论观与管理悖论

鉴于当今企业日益复杂和相互竞争的需求，阴阳平衡的东方本土认识论是理解悖论和紧张关系的重要指南，也是悖论理论的基础（Li，2012）。阴阳平衡提供了对复杂现实的整体理解，它将任何悖论中的两个相反的元素视为部分权衡，以及在复杂的跨文化世界竞争中的部分协同，整体和动态平衡。史密斯和刘易斯（Smith & Lewis，2011）将悖论定义为"相互矛盾却又相互关联的元素，它们同时存在，并随着时间的推移而持续存在"。约翰逊（Johnson，2014）根据相互依存的对值来描述悖论，如果对值中的一个值以牺牲另一个值为前提，这将不可避免地导致对另一个值的需求增加，从而加剧紧张关系。许多研究将悖论集中在管理层，但需求之间的矛盾也会出现在组织的执行层面，并可能给员工带来目标冲突的压力。因此，我们不仅需要理解共存，还需要理解悖论中相对要素之间的合作机制和过程。在长期范围内，悖论管理的可持续性需要互补发展和协同效应（庞大龙等，2017）。在组织发展的早期阶段，分歧和冲突对于组织的进步和发展是异常重要而具有启发性的（Li，2016）。对于悖论管理而言，在更高的系统级别上实现协同收益至关重要。通过分享共同的目标并强调整个系统的附加值，即使相反的元素也可以找到其独特的契合模式并积极地协同工作（Luo，2016）。

二、组织双元创新力的相关研究

面对瞬息万变的复杂竞争环境，企业的长期生存越来越依赖于组织的双元创新能力，即组织同时进行探索式创新和利用式创新的能力，二者有着本质区别。探索式创新是指企业依靠全新知识开发新产品、研究新技术不断发现新机会，是以获取未来市场和客户为目标，涉及探索、实验和发现，以创造新的知识和技术，需要一个松散、独立、灵活、协调的有机组织结构（罗瑾琏等，2017）。而利用式创新是企业运用原有知识，改进已有技术或产品利用性创新使其具有更高质量以获取稳定的收益，旨在满足当前市场和客户的需求，包括改进、提炼、选择和实施组织现有的知识和经验，以提高效率和产品质量，并强调常规、控制和集中等正式系统的作用（曹萍等，2021）。双元创新不仅能够满足组织适应环境的基本要求，还能够从根本上平衡组织稳定适应性和变动灵活性（苏勇等，2018）。然而两者之间的内在矛盾使很多企业难以同时兼顾这两项活动。因此，如何平衡二者之间的矛盾，同时实现探索式创新和利用式创新成为当前理论和实践的焦点。

现有的研究大多倾向于采用结构分离来实现企业的双元创新力，通过对组织进行特殊的结构设计，一些部门从事探索式创新，另一些部门致力于利用式创新。然而，从传统"矛盾"的视角来看，把探索式创新和利用式创新视为对立的要素，有可能形成两个部门相互孤立、各自为战的局面。组织需要花费大量资源来整合各部门的创新相关工作，导致组织效率低下。因此，帕帕奇罗尼等（Papachroni et al.，2015）提出，组织应该从

"悖论"视角辩证地对待探索式创新和利用式创新之间的关系，即识别两者之间既对立又统一，形成相互作用的动态均衡关系。企业应该采取综合机制来处理探索式创新和利用式创新之间的矛盾关系。

组织的双元创新需要同时实现利用式创新和探索式创新，它是两种创新在资源约束下相对稳定的组合和共存状态，包括双元平衡和双元交互。双元平衡强调在两种创新模式之间找到最佳平衡，而双元交互意味着两种创新并非完全相互排斥，而是具有相互促进和补充的放大效应。在实践中如何度量双元创新仍然存在争议。曹等（Cao et al.，2009）提出，组织的双元创新可以用平衡和整合两个维度来测量。双元平衡通过两种创新之间的差额来衡量两种创新之间的平衡程度，而双元整合则通过两种创新的乘积来衡量两种创新的整合效果。

三、领导—员工互动过程对组织双元创新力的影响研究

二元领导理论认为，领导力是领导者和下属之间相互影响的过程，员工能否利用自身的特质为组织奉献力量，推进企业的创新发展，既与自身因素相关，也在很大程度上受到领导—员工互动过程的影响。

1. 互动心理层面因素对组织创新力的影响

学者们主要从领导—成员交换角度研究心理层面对组织创新力的影响。利登和马斯林（Liden & Maslyn，1998）提出的领导—成员交换模型包括心理因素这一维度，描述了基于人际吸引的互动情感。组织创新力的提升需要员工的内在认同，心理需求满足对于员工创新力具有积极影响（Chen et al.，2016）。除了个体心理层面因素的分析，还有一些学者开始着眼于领导—员工互动心理层面因素的研究，例如，阿蒂图姆邦和巴迪尔（Atitumpong & Badir，2017）指出高质量的领导—成员交换关系促使下属感知到领导的支持、关心及信赖，下属会通过对工作更高的投入、努力、

角色表现和积极的工作成果来回报。领导—员工关系质量也会影响员工的内部人身份感知，在员工心理资本因素的调节作用下，影响其创新意愿和创新力（Schuh et al.，2018）。

2. 互动行为层面因素对组织创新力的影响

领导力与追随力是领导—员工互动行为层面的重要因素。在领导和员工的互动过程中，员工追随力是创造领导效能的源泉，追随力和追随行为也会影响领导授权行为，从而对创新行为和创新力再产生重要影响（宋继文等，2017）。领导—员工互动行为层面的另一个因素是工作场所的知识分享行为。一些学者从"互动"的角度出发，认为知识分享的过程即组织成员相互交流沟通工作中的知识、技能和经验的过程（Tsai，2012）。还有学者从"沟通"的角度出发，认为知识分享和创新主要通过领导和成员之间，以及组织成员之间的双向沟通方式来实现（Vuori et al.，2012）。此外，不同的领导风格也会影响组织的知识分享行为。精神型领导自身的品行修养和职场作风会驱使员工以知识分享等利组织行为作为对领导的回馈，由此带来更高的创新力（万鹏宇等，2019）；而悖论式领导可以通过鼓励组织成员共享知识、相互学习，从而提升组织双元创新能力（付正茂，2017）。还有一些研究从逆向辅导的角度分析了领导—员工的互动行为。与传统职场辅导相比，逆向辅导被视为一种双向互动关系，是一种鼓励知识分享和跨代际、跨越传统领导—员工互动关系的创新方式（Andrew et al.，2010）。逆向辅导可以通过鼓励组织认识、理解和利用不同代际之间的相似性和差异性，构建领导和下属的良性互动模式，从而达到知识分享、优势互补的作用（Murphy，2012）。

3. 互动关系层面因素对组织创新力的影响

研究人员认为，直接领导与其下属关系中的社会交换过程会影响组织创新力（Elkins & Keller，2003；Graen et al.，2007）。格雷恩和希曼（Graen & Schiemann，2012）建议针对员工的特点建立与其他团队成员独特的战略联盟，以提高领导—员工的互动关系质量及创新力。创新行为存在一定的风险，高质量的领导—员工关系会促进员工的组织承诺水平及创新力（仇勇等，2019）。另外，员工感知到的组织公平和真诚待遇会激发其"圈内人"的体验，由此以创新行为等积极的工作表现予以回报（仲理峰等，2019）。

4. 领导—员工互动过程管理机制及雇佣关系模式的相关研究

在领导—员工互动过程管理机制方面，王和陈（Wang & Chen，2009）发现角色认同和工作自主性是影响仁慈型领导和员工创造力之间关系的调节因素。内部人身份认知机制能够促进员工的组织公民行为，进而影响其创新及其他工作绩效（Wang et al.，2010），高质量的领导—员工关系会对组织创新力产生积极影响（Jackson & Jackson，2012）。同时，领导和员工间的人际关系互动机制可以调节员工的目标取向与工作绩效之间的关系（Janssen & Yperen，2014）。因此，企业可以适当改变组织结构为员工建言行为提供保护措施，从而助推员工的创新行为和创新力（高祎璇等，2018）。

在领导—员工多层面互动过程管理机制和互动过程得以发挥作用的边界条件中（如制度环境、创新氛围、雇佣关系等），雇佣关系模式对领导和员工的互动过程和管理机制发挥着重要的作用，也是研究领导与员工互动关系的主要理论框架之一（McDermott et al.，2013）。津井等（Tsui et al.，2009）将企业雇佣关系划分为相互投入型（高诱因、高贡献）、准交易契约型（低诱因、低贡献）、过度投入型（高诱因、低贡献）和投入不足型（低诱因、高贡献）四种模式。在相互投入型雇佣关系模式下，组织和员工之间长期稳定的社会交换关系会提高员工的工作积极性，进而促进员工创新想法的产生和实施；相反，在不稳定的雇佣关系模式中，组织和员工之间暂时的经济交换关系会阻碍员工的工作积极性和组织归属感，削弱员工的创新行为（付伟，2019）。因此，开展雇佣关系模式对互动过程管理机制和组织双元创新力转化的实证研究，将有效指导 LMMLI 实践。

组织创新力已经成为学者和企业管理者关注的重点问题，特别是在中国组织情境下，如何通过领导与员工的良性互动促进组织创新，提升组织双元创新力已经成为企业关注的焦点。现存文献中对领导—员工互动及组织的双元创新力的研究为本研究提供了重要的理论指导。然而，目前该领域还存在较大的研究空间，具体表现在以下几方面。

（1）探索式创新和利用式创新之间既对立又统一的动态均衡关系，与"悖论"理论有着天然的内在联系，双元创新中的矛盾非常适合在"悖论"视角下辩证地对待和处理。目前已有对领导和员工互动关系和互动过程的研究，然而还缺乏针"悖论式" LMMLI 研究，且尚未阐明互动过程包含的多层面因素，以及各因素之间的相互影响作用。因此，就需要对中国组织情境中的 LMMLI 过程进行深入研究，打开多层面互动过程的"黑箱"，探明互动过程中心理、行为和关系层面的联系和互动影响，并分析它们之间的内在关联。

（2）当前文献中关于领导—员工互动过程对组织双元创新力的影响研究尚不充分，缺乏对各个层面互动构成要素对组织双元创新力的差异化作用机理和影响效果的分析。第一，当前研究无法揭示互动行为对组织双元创新力的影响路径并分析其中的影响效果和作用机理；第二，互动关系因素的研究忽略了对于不公平感知、角色冲突等负面情绪以及权力—依赖视角下的关系结构不对等性和可变性对组织双元创新力的影响，需要进一步阐明关系质量和关系结构等互动关系因素对组织双元创新力的影响机理；第三，当前研究对互动心理层面因素的研究还存在较大空间，有必要进一步探讨互动心理因素对组织双元创新力的影响作用。

（3）目前研究文献中对"悖论式"领导—员工互动过程管理机制的研究相对较少，缺乏系统完整的理论框架来指导 LMMLI 过程的管理实践。企业领导与员工的互动是复杂的，存在双方目标分歧、角色冲突等风险和问题，以"悖论"视角构建相应的管理机制，有助于实现二者关系的协调，降低创新风险。因此，本研究认为有必要构建"悖论式"的互动过程管理机制，并从理论上揭示各类型管理机制对各层面互动过程的作用机理，继而有效管理 LMMLI 过程，提高组织双元创新力。

（4）现有文献还未明确分析互动过程管理机制和互动过程发挥作用的边界条件，缺乏对雇佣关系模式对互动过程管理机制和组织双元创新力转化的实证研究，很难有效指导"悖论式" LMMLI 实践。特定的雇佣关系模式可能会造成互动过程及其管理的复杂性和动态性。因此，阐明雇佣关系模式对互动过程管理机制和组织双元创新力联系的权变影响，能够丰富在中国组织情境下的组织双元创新和 LMMLI 互动过程管理的相关理论，更为有效地推进 LMMLI 的实施。

第二节 领导—员工互动过程对组织双元创新力的影响

本研究拟基于悖论理论、社会交换理论、二元关系理论，并借鉴管理学与心理学的一般理论和分析方法，围绕"悖论式" LMMLI 及其管理机制这一研究主题，分析在中国特色的管理情境下，"悖论式" LMMLI 过程管理机制、互动过程和组织双元创新力之间的关系。为了揭示 LMMLI 过程管理机制对组织双元创新力的作用机理和转化路径，首先，本研究从理论角度分析 LMMLI 的内涵、构成要素及相互联系；其次，解释"悖论式" LMMLI 对企业研发部门双元创新力的影响机理和作用效果；再次，基于悖论理论、社会交换理论、二元关系理论，构建全方位的互动过程管理机制，并分析不同类型的管理机制对 LMMLI 的影响效果；最后，检验对 LMMLI 过程管理机制和双元创新力转化过程的权变影响作用，并针对企业管理实践提出具体的对策建议。整体研究框架如图 5-1 所示。

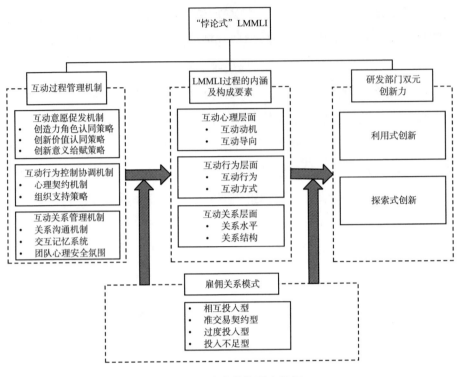

图 5-1 本章整体研究框架

一、"悖论式" LMMLI 对企业研发部门双元创新力的影响分析

本部分的研究重点是识别"悖论式" LMMLI 的内涵和构成要素，对互动过程的各层面构成要素进行划分，并讨论各层面构成要素的异同点。基于此，提出管理 LMMLI 过程的重点和难点问题，为构建互动过程管理机制提供理论支持。

（1）界定"悖论式" LMMLI 的内涵和构成要素。LMMLI 过程包括了领导与员工参与创新实践的方式和状态，本研究重点研究领导与员工之间的互动过程。互动的本质是使人们的需求、动机、价值观念以及人们的社会行为发生变化的一系列活动。通过"悖论式"互动，领导与员工可以在交流和沟通中了解对方的需求、双方利益的矛盾与关联，并有机会去影响对方的感知和体验。因此，"悖论式"LMMLI 在很大程度上影响着领导力的发挥和组织双元创新力的提高。由于中国管理情境的特殊性，LMMLI 具有一定的独特性和不确定性。因此，将首先基于已有文献和实地访谈，明晰"悖论式"LMMLI 的内涵和构成要素，全面认识二者之间围绕创新实践的互动过程，确定维度划分，并在此基础上构建测量指标体系。因为 LMMLI 不仅反映了领导与员工心理层面和行为层面的因素，也体现了双方互动关系层面的因素。因此，拟基于互动心理、互动行为和互动关系这三个层面的因素进行种类的划分。其中，心理层面因素包括了互动动机和互动导向；行为层面因素包括了互动行为和互动方式；关系层面因素包括了关系水平和关系结构因素。在后续的研究中将进一步细分领导与员工在互动过程中的角色、认知和心理特征等因素，并通过调研访谈及实证研究对互动过程构成要素进行验证和调整（见图 5 - 2）。

（2）分析 LMMLI 的心理、行为、关系层面构成要素之间的相互影响。多层面互动过程中各构成要素间可能存在不同的联系和相互影响，而各构成要素间的相互作用会造成互动过程的不确定性和复杂性。因此，我们需要厘清交互过程构成要素之间的影响关系，才能描绘 LMMLI 过程的全貌，为后续建立交互过程管理机制提供必要的理论基础。我们预期交互过程中的心理层面因素将会影响行为层面因素和关系层面因素，行为层面因素又可能会影响关系层面因素，而关系层面因素也可能会去影响行为层面因素。通过深入探究互动过程不同层面构成要素之间的理论联系，更加深入地理解 LMMLI 过程，更加清晰地识别开展 LMMLI 过程管理的针对性。

（3）基于对 LMMLI 各层面构成要素特点的分析，识别管理 LMMLI 过程的重点和难点，为构建互动过程管理机制提供必要的理论支撑。首先，由于领导和员工心理层面因素的差异性，不同的互动动机和互动导向可能会导致双方角色和需求的冲突；其次，领导和员工行为层面因素的存在多样性，

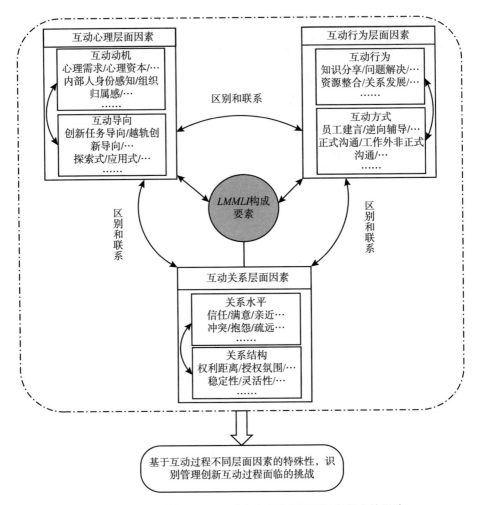

图 5 - 2 "悖论式" LMMLI 对企业研发部门双元创新力的影响

会导致 LMMLI 呈现差异化的特征，例如，员工的知识分享和建言行为有可能存在一定的风险性，因此需要有效的保障措施以清除此类良性互动行为存在的障碍；最后，双方感知到的满意、信任等积极关系和冲突、疏远等消极关系因素以及各类关系结构也为互动关系管理机制的选择提供了依据。因此，本研究将关注互动过程不同层面因素的特征，识别管理 LMMLI 过程中存在的主要矛盾和问题，在"悖论"视角下明确需要采取的管理机制的目标、任务和手段，为下一步构建 LMMLI 过程管理机制提供基础。

二、互动过程管理机制的构建及各管理机制对 LMMLI 的影响作用分析

本部分的研究重点是构建多层面的互动过程管理机制，并厘清各管理机制对 LMMLI 的影响效果。具体研究内容如图 5 - 3 所示。

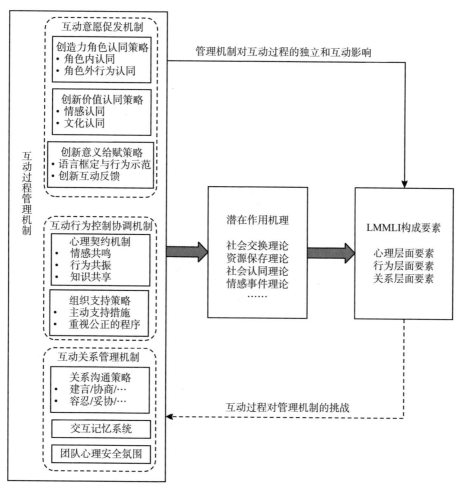

图 5 - 3　互动过程管理机制对 LMMLI 的影响作用研究

（1）构建全方位的互动过程管理机制。LMMLI 过程包含高度的动态性和复杂性，需要构建全方位的互动过程管理机制以促成高效多层面互动过程，从而提高企业的双元创新力。拟从互动意愿促发机制、互动行为控制协调机制、互动关系管理机制三个层面来构建和设计互动过程管理机制。

①互动意愿促发机制。LMMLI 过程中，互动双方角色的认知会影响各自的互动动机和互动导向，当互动参与方的创新角色认同度越高时，越愿意参与组织的多层面互动；领导和员工对彼此的创新价值认同感越强时，越愿意参与多层面互动；同时，运用语言框定和行为示范等创新意义给赋方式，领导和员工能够更加深入地了解组织的创新方向与创新意义，使互动双方达成共识，从而激发互动意愿。因此，将主要从角色认知理论、社会认同理论、心理资源理论等理论出发，通过角色认同策略、创新价值认同策略和创新意义给赋策略来构建互动意愿促发机制。

②互动行为控制协调机制。在 LMMLI 过程中，双方的互动行为可能存在较高的不稳定性和可变性，互动过程中的不确定因素也会造成参与方之间目标分歧、角色冲突等问题。因此，将主要从悖论理论、追随力理论等理论出发，主要通过心理契约机制和调整适应策略来实现 LMMLI 行为的协调和控制。一方面，通过建立心理契约机制以更好地保障互动行为按照预期的方向开展，即便在矛盾冲突和突发状况出现时，也可以通过心理契约机制处理问题。另一方面，组织支持策略可以更好地促使领导和员工以组织创新为目标展开互动过程，为双方的高质量互动提供保障，组织支持及领导支持的增强、组织程序公正性的提高，都能更好地促进 LMMLI 行为的开展与互动过程的协调。具体来说，将在对已有的领导—员工互动关系及组织双元创新力相关文献综述的基础上，选择适合多层面互动过程的管理机制，并结合中国组织管理情境对其内涵和测量指标进行调整。此外，我们将通过与企业相关人员的调研和访谈，探析在特定管理情境下其他有可能被采纳的协调控制管理机制，进而设计出本研究的测量指标。

③互动关系管理机制。领导—员工互动关系的形成既是双方以往互动

过程的产物，也是对未来互动过程的预期。因此，领导与员工互动关系管理机制的建立可以从三方面考虑：一是采取互动关系沟通机制（如员工建言）增进领导和员工之间的沟通和交流，增强正面情感并消除负面情感；二是构建组织交互记忆系统，完善组织认知结构；三是提供团队心理安全氛围，以激发员工创新的心理安全感，并将这种情感与组织符号相联系，从而形成组织信仰、组织思想及组织文化基础，促进领导与员工的良性互动，并使这种互动成为固定模式。本研究将从社会交换理论和互动关系管理的文献出发，尝试从关系沟通策略、交互记忆系统和团队心理安全氛围三方面构建关系管理机制，并将这些策略与中国组织管理情境的实践相结合。通过文献归纳、半结构化的访谈和问卷调查确定测量量表。

（2）解析不同类型的管理机制对多层面互动过程的影响机理。LMMLI过程中存在各类阻力和冲突，针对不同的管理目标，各种互动过程管理机制的作用效果和影响机理也不尽相同。此外，各类互动管理机制对互动过程不同层面构成要素存在不同影响，因此，有必要通过更加深入的研究来细化互动过程管理机制对互动过程的独立和交互影响机理和影响效果。具体研究内容如下：

①明晰互动意愿促发机制对LMMLI心理层面因素的影响作用。互动意愿促发机制包括角色认同策略、创新价值认同策略和创新意义给赋策略，将重点分析这三种类型的互动意愿促发机制对互动过程中的互动心理层面因素的影响机理和影响路径，本研究预期互动意愿促发机制将可能通过角色认知理论、社会认同理论、心理资源理论等理论体系的潜在变量影响互动过程的心理层面因素。通过比较三种类型的互动意愿促发机制的影响机理的异同点，为组织选择和优化互动促发机制提供理论依据。

②揭示互动行为控制协调机制对LMMLI行为层面因素的影响作用。首先分析不同类型的互动行为协调控制机制（包括心理契约机制和组织支持策略）对互动过程行为层面因素（包括互动行为和互动方式）的影响，本研究认为运用互动行为控制协调机制将可能通过领导与员工之间的

心理契约与工作默契，实现二者之间的情感共鸣、行为共振和知识共享，在互动公平的原则下，提升组织情绪能力，创造有利于组织创新的企业文化和工作氛围，由此影响互动行为层面因素；此外，比较不同类型的互动行为控制协调机制的影响机理和影响效果的异同点，重点剖析各类互动行为协调控制机制对互动行为层面因素影响作用的匹配性与替代性，以便从更深层面挖掘互动行为控制协调机制对互动过程行为层面因素的影响机理和作用效果。

③探析互动关系管理机制对 LMMLI 关系层面因素的影响作用。互动关系管理机制包括了关系沟通策略、交互记忆系统和团队心理安全氛围，这三种策略在互动关系管理时的关注点和所起的作用是有所区别的。关系沟通策略强调对当前领导—员工关系的管理，旨在搭建二者之间基于创新实践的沟通平台；构建组织交互记忆系统能够完善组织认知结构；而团队心理安全氛围更关注组织的情感能量和情绪能力对领导与员工良性互动的助推作用。因此，通过比较这三种策略对互动关系层面因素的不同影响机理和影响效果，更加深入地揭示互动关系管理机制和互动关系层面因素的内在联系，为关系管理机制的有效使用提供指导。

④探究和对比互动过程管理机制对 LMMLI 构成要素的交互影响。三种类型的互动过程管理机制既相互区别又相互联系，它们对互动过程的构成要素可能会存在交互影响。因此，有必要分析互动过程管理机制对互动过程构成要素的交互作用，由此揭示互动过程管理机制的整体作用过程，并通过比较交互影响机理和效果的差异性，全面揭示各互动过程管理机制的联系和区别。

三、"悖论式" LMMLI 对高新技术企业研发部门双元创新力的影响研究

本部分将分析互动过程各层面构成要素对研发部门双元创新力的影响

机理和影响效果。一方面，分析和比较互动心理、行为和关系层面因素对研发部门双元创新力的独立影响作用和影响路径；另一方面，分析和检验互动过程不同层面因素对双元创新力的联合影响作用和影响路径。具体研究内容如图 5－4 所示。

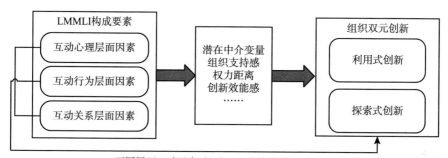

不同层面互动要素对组织双元创新的独立和交互影响

图 5－4　LMMLI 构成要素对高新技术企业研发部门双元创新力的影响研究

（1）分析和揭示 LMMLI 不同层面构成要素对企业研发部门双元创新力的独立影响作用。LMMLI 的互动心理层面因素、互动行为层面因素和互动关系层面因素可能对组织双元创新力产生不同的作用和影响：①本研究预期互动心理层面因素对组织双元创新中的创新价值感知有更为重要的影响；②互动行为层面因素更加影响创新实践中的创新能力和创新成果；③互动关系层面因素对组织双元创新实践中员工的工作满意度和领导—员工良性互动的作用更加明显。此外，本研究在理论分析的基础上，也会对 LMMLI 和组织双元创新力之间可能存在的中介变量（如组织支持感、创新效能感、权力距离等）进行探究。通过辨析互动过程不同层面因素对组织双元创新力的作用和影响机理，探索互动过程的不同层面构成要素在创新实践中所起的作用。

（2）分析和检验 LMMLI 不同层面构成要素对企业研发部门双元创新力的交互影响作用。在厘清互动过程不同层面因素对双元创新力的独立影响机理的基础上，对比不同层面构成要素对研发部门双元创新力的不同作用机理，以便更为深入地认识互动过程的不同层面构成要素的独特性和联系性，并在此基础上研究互动过程不同层面构成要素对组织双元创新力的交互影响效果。通过交互作用效果的分析和检验，更全面地揭示互动过程整体要素对组织双元创新力的理论联系和影响作用。

四、雇佣关系模式对互动过程管理机制和企业研发部门双元创新间联系的权变影响研究

LMMLI 受到雇佣关系模式这一因素的制约。因此，本部分将主要探究雇佣关系模式对互动过程管理机制和研发部门双元创新间联系的权变影响。具体研究内容如图 5－5 所示。

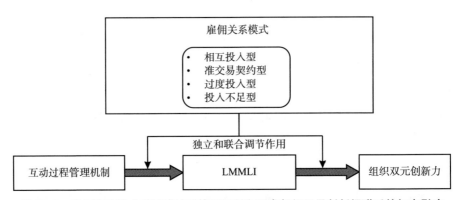

图 5－5　雇佣关系模式对互动过程管理机制和研发部门双元创新间联系的权变影响

本研究挖掘悖论理论与组织双元创新的内部关联性，针对如何开展多层面互动以及如何管理 LMMLI 等实际问题，探索互动过程管理机制对 LMMLI 和研发部门双元创新力的影响机理和作用效果，具有丰富的理论和实践意义。不同企业有其特有的雇佣关系模式，基于以往的研究文献，本研究将主要从相互投入型、准交易契约型、过度投入型和投入不足型这

四种雇佣关系模式展开研究，并结合中国独特的组织管理背景，设计更贴合研究情景的变量体系，为下一步进行具体的理论分析和实证研究提供基础。本研究将重点探析不同雇佣关系模式对互动过程管理机制和 LMMLI 之间相互联系的影响作用。由此分析在特定的雇佣关系模式下，互动过程管理机制对 LMMLI 的动态影响效果，从而揭示在特定情境下互动过程管理机制的优化策略。LMMLI 过程对于研发部门双元创新力的影响作用有一定的情景依赖性，因此，本研究认为有必要检验雇佣关系模式对 LMMLI 影响效果的调节作用。通过以上研究分析在特定的情境因素下，各层面 LMMLI 构成要素对研发部门双元创新力的相对重要性，以便更有效地确定互动过程管理的重点工作。

第六章

结　　论

　　本书调查合适的人员选拔方法，以帮助招聘人员选择合适的、有潜力为企业做出最大贡献的员工。它巩固了在跨国背景下的人员选拔理论，并将其与具体的个性特征、工作能力和 P-O 匹配联系起来，这些可以预测和提高员工的工作成果。最具价值员工和平均贡献员工将通过使用 DEA 和 Naïve 贝叶斯分析来进行分类。

　　总体而言，本书的结果显示，在美国和中国，人格特质、员工能力、职业适合度和履历信息的不同方面影响关键工作成果。在这两个国家中，HEXACO 人格量表中的三个人格特质——诚实—谦逊、尽责性和经验开放性，被发现对工作结果有显著影响。此外，工作能力和职业适合度也被证明与两国的关键成果显著相关。由于从两国收集的原始数据相对较少，本书存在一些局限性。然而，本书采用基于网络的动态调查系统，以节省时间，提高回复率，并提供评估的准确性。此外，DEA 和朴素（Naïve）贝叶斯分类器有助于将最有价值员工从其他员工中分离出来，这对研究者和实践者都可能具有实际意义。

一、对研究结果的讨论

　　本书为假设 1 提供了支持：至少一个人格因素与下列工作结果之一

（工作绩效、离职倾向、缺勤和迟到）有显著关系。在中美两家公司，诚实—谦逊，责任心和经验开放性被发现对工作结果有显著影响。此外，在美国员工的调查中，情绪性、外向性和亲和性也被证明与工作结果显著相关。本研究的结果不同于该领域现有的其他研究，认为只有人格量表的一个或两个维度与关键工作结果有显著的关系。此外，从目前的研究结果证明了纳入人格量表的第六维度（诚实—谦逊）的必要性，因为它影响了中美两家公司员工样本的结果。因此，HEXACO 人格量表被证明在预测这些工作场所的结果方面大大超过大五人格测试。

假设 2a、2b、2c 和 2d 涉及工作能力与员工工作成果之间的关系。工作能力不仅包括个人的知识、能力和技能，还包括员工的价值观、动机和其他个人特征。在对美国员工的调查中发现，工作能力对工作绩效和离职倾向有显著影响，但对旷工和迟到没有显著影响。在对中国员工的调查中，工作能力与工作绩效之间存在显著的关系，而其他三种工作绩效之间没有显著的关系。

假设 3a、3b、3c 和 3d 关注的是 P-O 契合度和工作场所结果之间的关系。职缺匹配是人事选拔程序和人力资源管理的一个重要方面。企业一直试图保持员工和组织之间的良好契合，因为很明显，某些人在某些组织中比在其他组织中表现得更好。文化对未来员工与组织的匹配程度有着至关重要的影响（Rousseau，1990）。本研究在对美国员工的调查中已经证明了 P-O 契合度与工作绩效有显著的关系。在对中国员工的调查中发现，员工职业适合度对离职倾向和旷工有显著的影响。因此，在不同的文化中，P-O 契合度对工作结果的影响是不同的。

高度全球化的劳动力引起了学者对民族文化在美国和中国样本之间各自关系变化中的贡献的关注。当前研究对中美两家公司的权力距离、个人主义—集体主义和不确定性规避进行了讨论和比较，这些是造成这两家公司员工样本结果差异的主要因素。此外，国家经济增长、家庭基础设施支持和社会福利拨款的影响也显著影响了美国和中国样本之间的各自关系。

本研究的结果支持假设4，除了美国和中国样本在员工特征和四种工作场所结果方面的各自关系上的差异外，一组简历信息也显示了上述两国在各自关系上的显著差异。表6-1是假设讨论的总结。

表6-1 假设讨论总结

假设	决定
假设1：至少有一个人格因素与以下工作结果之一有显著关系：工作绩效、离职倾向、缺勤和迟到	支持
假设2a：工作能力与工作绩效显著相关	支持
假设2b：工作能力与离职倾向显著相关	不支持
假设2c：工作能力与员工缺勤显著相关	美国样本支持
假设2d：工作能力与员工迟到显著相关	不支持
假设3a：P-O 契合度与工作绩效显著相关	美国样本支持
假设3b：P-O 契合度与离职倾向显著相关	中文样本支持
假设3c：P-O 契合度与员工旷工显著相关	支持
假设3d：P-O 契合度与员工迟到显著相关	不支持
假设4：中美两家公司员工样本在以下工作绩效、离职倾向、旷工和迟到方面的关系存在显著差异	支持

二、研究的局限性

本研究存在某些局限性。第一，本研究从美国企业和中国企业分别收集了155个样本和97个样本，这是一个相对较小的原始数据收集量。第二，本研究的调查是基于自我报告的数据，这可能会削弱研究数据的可靠性。第三，本研究中的预测模型和提出的措施可能无法解决求职者特征和工作场所结果的所有核心组成部分。该领域的一些研究集中在工作结果的其他方面，如组织公民行为、工作满意度、领导—员工关系等。第四，预测量与判据量之间可能存在多重共线性。此外，不同的组织可能追求不同的目标，这取决于组织的具体属性和特征。例如，旷工和迟到在大多数传统企业中可能是至关重要的，但在灵活的工作组织中则不是重点。

　　未来的研究将适合于解决本研究的局限性。收集更大的数据集可能会产生更有效的结果。此外，还可以从世界上更多的国家收集数据，以衡量文化因素是否或如何影响模型结果。此外，本研究的重点是员工—工作契合度，未来的研究可能会从个人—工作契合度、个人—群体契合度、个人—主管契合度等多方面来拓展本研究。在未来的研究工作中，可以根据具体组织的需要创建一个更契合的模型。本研究建立的通用模型可以根据不同类型组织的具体需求进行定制，以满足不同类型组织的需求。

三、结语

　　本研究在人才选择研究方面提供了一个概念模型，并探究了合适的人才选择方法，以帮助招聘人员选拔合适的、有潜力为企业做出最大贡献的员工。它巩固了在跨国背景下的人员选拔理论，并将其与具体的个性特征、工作能力和 P - O 匹配联系起来，这些可以预测和提高员工选择的结果。

　　尽管本研究存在一些局限性，但也有一些创新性的发现，可能对研究者和实践者都有实际意义。此外，本研究采用基于网络的动态调查系统，以节省时间，提高回复率，并提供评估的准确性。本研究开发的模型的进一步研究和测试可以为人才选择研究领域的理论和实践提供相应指导。本研究基于目前中国企业管理中面临的实际问题，以千禧一代知识型员工的共生激励匹配为研究对象，在 GANs 模型框架下构建数学模型，探索最为科学且行之有效的精准式激励策略，以及对企业人力资源优化与匹配方面的作用。本研究以千禧一代知识型员工的管理难题中的激励机制匹配问题为研究对象，提取、识别并界定人格特质、能力与需求等个性特征，对共生激励匹配效果、影响路径及影响机理进行深入研究，同时探讨职业延迟满足、人员—组织适应性等关键变量的中介效应，拓展了需求层次理论与激励理论在千禧一代知识型员工中的应用。在研究视角方面，本研究结合中国情境下企业的人力资源管理实践，明晰了共生激励匹配模型在解决千禧一代知识型员工管理难题中的具体作用，并据此提出应制定精准式激励匹配策略、界定与区分相关激励措施的对策建议，从权变理论视角解决千禧一代知识型员工激励机制匹配的相关问题。此外，本研究创新性地将深度学习技术中的 GANs 模型运用于人力资源管理研究中的激励机制匹配问题，对样本进行多维度的"画像"与分类，并且利用交互匹配方法构建针对千禧一代知识型员工的共生激励匹配模型，用以解决企业面临的棘手问题，提高这一群体员工的忠诚度、敬业度与组织认同感，降低离职率，促进企业的长远发展。在量表设计与数据收集方面，本研究将人格结构模型与中国千禧一代知识型员工的个性化特征相结合，来探索这一群体员工的独特性与差异性，并采用计算机自适应测试（CAT）收集问卷数据，以缩短问卷填写时间，提高问卷的回收率和数据的真实性。

针对企业的创新实践，本研究从"悖论"视角探索 LMMLI 过程对企业研发部门双元创新力的影响路径和作用机理，揭示了互动过程对组织双元创新力的重要作用，为进一步解读互动过程对提高组织双元创新力的重要性提供理论依据。根据对 LMMLI 各层面构成要素的分析，构建多层面互动过程管理机制，进而探析各类型管理机制对领导与员工互动过程的影响路径和作用效果，为企业更有效地管理 LMMLI 过程、提高组织双元创新力提供新的研究视角。同时，通过对雇佣关系模式权变影响作用的研究，解读特定雇佣关系模式下互动过程管理机制在企业运用中的情景依赖性，从理论上进一步补充了互动过程对组织双元创新力的影响作用。

参 考 文 献

[1] 曹萍，张剑. 悖论式领导、二元智力资本与组织双元创新 [J]. 商业研究，2021 (3)：114－124.

[2] 程垦，林英晖. 组织支持一致性与千禧一代员工离职意愿：员工幸福感的中介作用 [J]. 心理学报，2017，49 (12)：1570－1580.

[3] 崔杨，于桂兰. 差异化授权型领导与创新绩效：基于社会认同的视角 [J]. 管理科学，2019，32 (3)：42－53.

[4] 杜佳婧，李敏. 自恋型领导与知识型下属创新绩效的关系研究 [J]. 研究与发展管理，2018，30 (3)：55－63.

[5] 李东红，乌日汗，陈东. "竞合"如何影响创新绩效：中国制造业企业选择本土竞合与境外竞合的追踪研究 [J]. 管理世界，2020，36 (2)：161－181.

[6] 刘文奇. "复杂网络上的公共数据演化博弈与数据质量控制" [J]. 中国科学：信息科学，2016 (11)：4.

[7] 吕萍，王以华. 组织免疫行为和机制研究 [J]. 管理学报，2009，6 (5)：607－614.

[8] 罗瑾琏，胡文安，钟竞. 悖论式领导、团队活力对团队创新的影响机制研究 [J]. 管理评论，2017，29 (7)：122－134.

[9] 马跃如，夏冰，白勇. 雇佣关系模式、智力资本对创新绩效的影响研究：基于民营企业调查样本的实证分析 [J]. 管理工程学报，

2018, 32 (2): 84 - 94.

[10] 尚玉钒. 与下属员工互动过程中领导的意义给赋系统研究——以企业如何"颁发创新奖"为例 [J]. 管理学家, 2015 (7): 48 - 56.

[11] 宋超, 陈建成. "80, 90 后"千禧一代员工管理与激励 [J]. 人力资源管理, 2011 (5): 92 - 93.

[12] 苏中兴. 中国情境下人力资源管理与企业绩效的中介机制研究——激励员工的角色外行为还是规范员工的角色内行为? [J]. 管理评论, 2010, 22 (8): 76 - 83.

[13] 孙鸿飞, 倪嘉苒, 武慧娟, 周兰萍. 知识型员工心理资本与工作绩效关系实证研究 [J]. 科研管理, 2016, 37 (5): 60 - 69.

[14] 孙锐, 李树文, 顾琴轩. 双元环境下战略人力资源管理影响组织创新的中介机制: 企业生命周期视角 [J]. 南开管理评论, 2018, 21 (5): 176 - 187.

[15] 王聪颖, 杨东涛. 期望差距对千禧一代员工离职意向的影响研究 [J]. 管理学报, 2017 (12): 54 - 62.

[16] 卫海英, 骆紫薇. 中国的服务企业如何与顾客建立长期关系?——企业互动导向、变革型领导和员工互动响应对中国式顾客关系的双驱动模型 [J]. 管理世界, 2014 (1): 105 - 119.

[17] 仵凤清, 高林, 董宇华. 知识型员工沉默行为对职业生涯成功的影响研究 [J]. 科研管理, 2018, 39 (8): 142 - 150.

[18] 谢荷锋, 贺桥辉, 牟腊春. 网络嵌入视角下中层管理者对企业创新的影响 [J]. 科研管理, 2018, 39 (12): 10 - 17.

[19] 谢玉华, 张群艳. 千禧一代员工参与对员工满意度的影响研究 [J]. 管理学报, 2013, 10 (8): 1162 - 1169.

[20] 徐细雄, 淦未宇. 组织支持契合, 心理授权与雇员组织承诺: 一个千禧一代农民工雇佣关系管理的理论框架——基于海底捞的案例研究 [J]. 管理世界, 2011 (12): 131 - 147.

[21] 杨陈，杨付，景熠，唐明凤．谦卑型领导如何改善员工绩效：心理需求满足的中介作用和工作单位结构的调节作用 [J]．南开管理评论，2018，21（2）：121-134.

[22] 杨剑钊，李晓娣．前摄型人格对越轨创新绩效作用路径研究——创新催化的中介作用及变革型领导行为的调节作用 [J]．预测，2019，38（4）：17-23.

[23] 姚艳虹，衡元元．知识员工创新绩效的结构及测度研究 [J]．管理学报，2013，3，10（1）：97-102.

[24] 叶仁荪，王玉芹，林泽炎．工作满意度，组织承诺对国企员工离职影响的实证研究 [J]．管理世界，2005：122-125..

[25] 詹雷，王瑶瑶．管理层激励，过度投资与企业价值 [J]．南开管理评论，2013，16：36-46.

[26] 张兰霞，张靓婷，朱坦．领导—员工认知风格匹配对员工创造力与创新绩效的影响 [J]．南开管理评论，2019，22（2）：165-175.

[27] 张勉，张德，李树茁．IT 企业技术员工离职意图路径模型实证研究 [J]．南开管理评论，2003，6（4）：12-20.

[28] 张燕，王辉，樊景立．组织支持对人力资源措施和员工绩效的影响 [J]．管理科学学报，2008，11：120-131.

[29] 张一弛，高莹，刘鹏．个人—组织匹配在外资医药企业员工离职倾向决定中的调节效应研究 [J]．南开管理评论，2005，8：37-41.

[30] 张振刚，付斯洋，余传鹏．个体知识吸收能力对员工创新绩效的影响 [J]．中国人力资源开发，2018，35（3）：73-83.

[31] 赵峰，甘亚雯．高新技术企业千禧一代员工激励问题研究 [J]．科学管理研究，2017，35（6）：93-96.

[32] 仲理峰，孟杰，高蕾．道德领导对员工创新绩效的影响：社会交换的中介作用和权力距离取向的调节作用 [J]．管理世界，2019，35（5）：149-160.

［33］Abelson, M. A. , & Baysinger, B. D. Optimal and dysfunctional turnover: Toward an organizational level model ［J］. Academy of Management Review, 1984, 9 (2): 331 – 341.

［34］Abraham, R. The relationship of vertical and horizontal individualism and collectivism to intrapreneurship and organizational commitment ［J］. Leadership & Organization Development Journal, 2017, 18 (4): 179 – 186.

［35］Addae, H. M. , & Johns, G. National culture and perceptions of absence legitimacy ［M］. Springer US, 2012.

［36］Adler, S. , & Golan, J. Lateness as a withdrawal behavior ［J］. Journal of Applied Psychology, 1981, 66 (5): 544.

［37］Anderson, E. , & Oliver, R. L. Perspectives on behavior-based versus outcome-based salesforce control systems ［J］. The Journal of Marketing, 2007: 76 – 88.

［38］Appelbaum S. H. , Kamal R. An analysis of the utilization and effectiveness of non-financial incentives in small business ［J］. Journal of Management Development, 2010, 19 (9): 733 – 763.

［39］Bari N. , Arif U. , Shoaib A. Impact of non-financial rewards on employee attitude and performance in the workplace. A case study of Business Institute of Karachi ［J］. International Journal of Scientific & Engineering Research, 2013, 4 (7): 2554 – 2559.

［40］Bari N. , Arif U. , Shoaib A. Impact of non-financial rewards on employee attitude and performance in the workplace. A case study of Business Institute of Karachi ［J］. International Journal of Scientific & Engineering Research, 2019, 4 (7): 2554 – 2559.

［41］Barrick. Personality and job performance: test of the mediating effects of motivation among sales representatives ［J］. Journal of applied psychology, 2012, 87 (1).

［42］ Barrick, M. R. , & Mount, M. K. Conscientiousness and perform-ance of sales representatives: Test of the mediating effects of goal setting ［J］. Journal of Applied Psychology, 1993, 78（5）.

［43］ Barrick, M. R. , & Mount, M. K. The big five personality dimen-sions and job performance: a metaanalysis ［J］. Personnel Psychology, 2001, 44（1）.

［44］ Barrick, M. R. , & Zimmerman, R. D. Hiring for retention and performance ［J］. Human Resource Management, 2009, 48（2）: 183－206.

［45］ Bartram, D. The Great Eight competencies: a criterion-centric ap-proach to validation ［J］. Journal of Applied Psychology, 2015, 90（6）: 1185.

［46］ Bartram, D. Global norms: Towards some guidelines for aggregating personality norms across countries ［J］. International Journal of Testing, 2018, 8（4）: 315－333.

［47］ Becker, T. E. Potential versus actual faking of a biodata form: An analysis along several dimensions of item type ［J］. Personnel Psychology, 1992, 45（2）.

［48］ Berry, C. M. , & Sackett, P. R. Faking in Personnel Selection: Tradeoffs in Performance Versus Fairness Resulting From Two Cut-Score Strate-gies ［J］. Personnel Psychology, 2019, 62（4）: 833－863.

［49］ Biddle, D. A. , & Morris, S. B. Using Lancaster's mid-P correction to the Fisher's exact test for adverse impact analyses ［J］. Journal of Applied Psychology, 2011, 96（5）: 956.

［50］ Borges N. J. , Manuel R. S. , Elam C L, et al. Differences in mo-tives between Millennial and Generation X medical students ［J］. Medical edu-cation, 2010, 44（6）: 570－576.

［51］ Borman, W. C. , Penner, L. A. , Allen, T. D. , & Motowidlo,

S. J. Personality predictors of citizenship performance [J]. International Journal of Selection and Assessment, 2001, 9 (1 & 2): 52 – 69.

[52] Boudreau, C. Investing in people: Financial impact of human resource initiatives [M]. Ft Press, 2010.

[53] Brewer, M. B. , & Chen, Y. R. Where (who) are collectives in collectivism? Toward conceptual clarification of individualism and collectivism [J]. Psychological Review, 2017, 114 (1): 133.

[54] Brewer, M. B. , & Gardner, W. Who is this "We"? Levels of collective identity and self representations [J]. Journal of Personality and Social Psychology, 1996, 71 (1): 83.

[55] Buchanan, T. , & Smith, J. L. Using the Internet for psychological research: Personality testing on the World Wide Web [J]. British Journal of Psychology, 1999, 90 (1): 125 – 144.

[56] Burrows, P. Einstein Never Tweeted [M]. Bloominberg Businessweek, 2010: 89 – 91.

[57] Butcher, J. C. The numerical analysis of ordinary differential equations: Runge-Kutta and general linear methods [M]. Wiley-Interscience, 1987.

[58] Byrne, D. E. The attraction paradigm (Vol. 11) [M]. Academic Pr, 1971.

[59] Cable, D. M. , & Judge, T. A. Person-organization fit, job choice decisions, and organizational entry [J]. Organizational Behavior and Human Decision Processes, 1996, 67 (3): 294 – 311.

[60] Caldwell, D. F. Measuring person-job fit with a profile-comparison process [J]. Journal of Applied Psychology, 1990, 75 (6).

[61] Camara, W. J. Psychological test usage: Implications in professional psychology [J]. Professional Psychology: Research and Practice, 2010, 31 (2).

［62］ Cambria, E. , & Hussain, A. Sentic computing: Techniques, tools, and applications ［M］. Springer Science & Business Media, 2012.

［63］ Campion, M. A. Meaning and measurement of turnover: Comparison of alternative measures and recommendations for research ［J］. Journal of Applied Psychology, 1991, 76 (2).

［64］ Cardy, R. L. , & Leonard, B. . Performance management: Concepts, skills, and exercises ［M］. ME Sharpe, 2011.

［65］ Carmeli, A. , Gelbard, R. , & Reiter-Palmon, R. Leadership, creative problem-solving capacity, and creative performance: The importance of knowledge sharing ［J］. Human Resource Management, 2018, 52 (1): 95 – 121.

［66］ Carnevale, J. B. , Huang, L. , Crede, M. , Harms, P. , & Uhl-Bien, M. Leading to stimulate employees' ideas: A quantitative review of leader-member exchange, employee voice, creativity, and innovative behavior ［J］. Applied Psychology, 2017, 66 (4): 517 – 552.

［67］ Cascio. Costing Human Resources: The Financial Impact of Behavior in Organizations ［M］. PWS-KENT Publishing Company, 1991.

［68］ Cascio, & Boudreau. Investing in People: Financial Impact of Human Resource Initiatives ［M］. FT Press, 2011.

［69］ Chamorro-Premuzic, & Furnham. The psychology of personnel selection ［M］. Cambridge University Press, 2010.

［70］ Chamorro-Premuzic, T. , & Furnham, A. The psychology of personnel selection ［M］. Cambridge University Press, 2010.

［71］ Chamorro-Premuzic, T. , & Furnham, A. Personality and music: Can traits explain how people use music in everyday life? ［J］. British Journal of Psychology, 2017, 98 (2): 175 – 185.

［72］ Chatman, J. A. Improving interactional organizational research: A model of person-organization fit [J]. Academy of Management Review, 1989, 14 (3): 333 – 349.

[73] Chatman, J. A. Matching people and organizations: Selection and socialization in public accounting firms [J]. Paper presented at the Academy of Management, 1989.

[74] Chatman, J. A. , & Barsade, S. G. Personality, organizational culture, and cooperation: Evidence from a business simulation [J]. Administrative Science Quarterly, 1995: 423 – 443.

[75] Chen, T. , Li, F. , Leung, K.. When Does Supervisor Support Encourage Innovative Behavior? Opposite Moderating Effects of General Self-efficacy and Internal Locus of Control [J]. Personnel Psychology, 2016, 163 (1): 123 – 158.

[76] Chen X. , Duan Y. , Houthooft R. , et al. Infogan: Interpretable representation learning by information maximizing generative adversarial nets [C]//Advances in Neural Information Processing Systems, 2016: 2172 – 2180.

[77] Chiu, R. K. Dispositional traits and turnover intention: Examining the mediating role of job satisfaction and affective commitment [J]. International Journal of Manpower, 2013, 24 (3).

[78] Christiansen, N. D. Reconsidering forced-choice item formats for applicant personality assessment [J]. Human Performance, 2015: 18 (3).

[79] Coff, R. , & Kryscynski, D. Drilling for micro-foundations of human capital-based competitive advantages [J]. Journal of Management, 2011: 0149206310397772.

[80] Cohen, A. Multiple commitments in the workplace: An integrative approach [M]. Psychology Press, 2003.

[81] Conner, K. R. A historical comparison of resource-based theory and

five schools of thought within industrial organization economics: do we have a new theory of the firm? [J]. Journal of Management, 1991, 17 (1): 121 – 154.

[82] Cooper, D. & Robertson, I. The psychology of personnel selection [J]. A quality approach: Burns & Oates, 1995.

[83] Cooper, W. W., Seiford, L. M., & Zhu, J. Data envelopment analysis. In Handbook on data envelopment analysis [J]. Springer US, 2014: 1 – 39.

[84] Costa, P. T., & MacCrae, R. R. Revised NEO Personality Inventory (NEO PI-R) and NEO Five-Factor Inventory (NEO FFI): Professional Manual [J]. Psychological Assessment Resources, 1992.

[85] Crede, M. An evaluation of the consequences of using short measures of the Big Five personality traits [J]. Journal of Personality and Social Psychology, 2012, 102 (4).

[86] Cropanzano, R., Dasborough, M. T., & Weiss, H. M. Affective events and the development of leader-member exchange [J]. Academy of Management Review, 2017, 42 (2): 233 – 258.

[87] Crow M., Stichnote L. The new centurions [J]. IEEE Power and Energy Magazine, 2010, 8 (4): 20 – 26.

[88] Crow M., Stichnote L. The new centurions [J]. IEEE Power and Energy Magazine, 2016, 8 (4): 20 – 26.

[89] Cucina, J. M., Caputo, P. M., Thibodeaux, H. F., & Maclane, C. N. Unlocking the key to biodata scoring: A comparison of empirical, rational, and hybrid approaches at different sample sizes [J]. Personnel Psychology, 2012, 65 (2): 385 – 428.

[90] De Ayala, R. J. Theory and practice of item response theory [M]. Guilford Publications, 2013.

[91] De Corte, W. , Lievens, F. , & Sackett, P. R. Combining predictors to achieve optimal trade-offs between selection quality and adverse impact [J]. Journal of Applied Psychology, 2017, 92 (5): 1380.

[92] Dess, G. G. , & Robinson, R. B. Measuring organizational performance in the absence of objective measures: the case of the privately-held firm and conglomerate business unit [J]. Strategic Management Journal, 1984, 5 (3): 265 – 273.

[93] DeVaney S. A. Understanding the millennial generation [J]. Journal of Financial Service Professionals, 2015, 69 (6): 11 – 14.

[94] DeVault, G. (2015). Surveys Research-Creating Simple Branching Survey Questions [EB/OL]. Retrieved from http: //marketresearch. about. com/ od/market. research. surveys/qt/Surveys-Research-Creating-Simple-Branching-Survey-Questions. htm.

[95] Digman, J. M. , & Takemoto-Chock, N. K. Factors in the natural language of personality: Re-analysis, comparison, and interpretation of six major studies [J]. Multivariate Behavioral Research, 1981, 16 (2): 149 – 170.

[96] D'Netto B. , Ahmed E. Generation Y. : human resource management implications [J]. Journal of Business and Policy Research, 2012, 1 (1): 1 – 9.

[97] D'Netto B. , Ahmed E. Generation Y: human resource management implications [J]. Journal of Business and Policy Research, 2018, 1 (1): 1 – 9.

[98] Dobbs, R. , Lund, S. , & Madgavkar, A. Talent tensions ahead: A CEO briefing [M]. 2012.

[99] Donovan, J. J. An assessment of the prevalence, severity, and verifiability of entry-level applicant faking using the randomized response technique

［J］. Human Performance, 2013, 16（1）.

［100］ Drasgow, F. , Stark, S. , Chernyshenko, O. S. , Nye, C. D. , Hulin, C. L. , & White, L. A. Development of the Tailored Adaptive Personality Assessment System（TAPAS）to support Army selection and classification decisions［J］. Retrieved from Urbana, IL, 2012.

［101］ Dulewicz, V. Assessment centres as the route to competence［J］. Personnel Management, 1989, 21（11）: 56 – 59.

［102］ Dwight, S. A. , & Donovan, J. J. Do warnings not to fake reduce faking? Human Performance, 2013, 16（1）: 1 – 23.

［103］ Emmen, P. , & der Boechorstraat, V. A. Person – Fit Analysis of Personality Data［M］. 2018.

［104］ Farrell L. , Hurt A. C. Training the Millennial Generation: Implications for Organizational Climate［J］. E Journal of Organizational Learning & Leadership, 2014, 12（1）: 47 – 60.

［105］ Fenich G. G. , Scott-Halsell S. , Ogbeide G. C. , et al. What the Millennial generation from around the world prefers in their meetings, conventions, and events［C］//Journal of Convention & Event Tourism. Routledge, 2014, 15（3）: 236 – 241.

［106］ Festinger, L. A theory of cognitive dissonance（Vol. 2）［M］. Stanford university press, 1962.

［107］ Finch, D. M. , Edwards, B. D. , & Wallace, J. C. Multistage selection strategies: Simulating the effects on adverse impact and expected performance for various predictor combinations［J］. Journal of applied psychology, 2019, 94（2）: 318.

［108］ Gaugler, B. B. Number of assessment center dimensions as a determinant of assessor accuracy［J］. Journal of Applied Psychology, 1989, 74（4）.

［109］ Ghiselli, E. E. The validity of aptitude tests in personnel selection ［J］. Personnel Psychology, 1973, 26 (4).

［110］ Goetzel, R. Z. , Hawkins, K. , Ozminkowski, R. J. , & Wang, S. The health and productivity cost burden of the "top 10" physical and mental health conditions affecting six large US employers in 1999 ［J］. Journal of Occupational and Environmental Medicine, 2013, 45 (1): 5 – 14.

［111］ Goffin, R. D. Correcting personality tests for faking: A review of popular personality tests and an initial survey of researchers ［J］. International Journal of Selection and Assessment, 2013, 11 (4).

［112］ Goldstein, N. B. The incremental validity of interview scores over and above cognitive ability and conscientiousness scores ［J］. Personnel Psychology, 2010: 53.

［113］ Goodman, P. S. , & Atkin, R. S. Absenteeism: Jossey-Bass Incorporated Pub ［M］. 1984.

［114］ Gordon, M. J. A review of the validity and accuracy of self-assessments in health professions training ［J］. Academic Medicine, 1991, 66 (12): 762 – 769.

［115］ Gottfredson, L. S. Mainstream science on intelligence: An editorial with 52 signatories, history, and bibliography ［J］. Intelligence, 1997, 24 (1).

［116］ Grant, R. M. The resource-based theory of competitive advantage: implications for strategy formulation. Knowledge and Strategy, 1991, 33 (3): 3 – 23.

［117］ Grant A. M. Putting self-interest out of business? Contributions and unanswered questions from use-inspired research on prosocial motivation ［J］. Industrial and Organizational Psychology, 2009, 2 (1): 94 – 98.

［118］ Green, B. F. The promise of tailored tests ［J］. Principals of modern psychological measurement, 1983: 69 – 80.

[119] Gumusluoglu, L. , Karakitapoğlu-Aygün, Z. , & Scandura, T. A. A multilevel examination of benevolent leadership and innovative behavior in R&D contexts: A social identity approach [J]. Journal of Leadership & Organizational Studies, 2017, 24 (4): 479 –493.

[120] Gunnarsson, C. , Chen, J. , Rizzo, J. A. , Ladapo, J. A. , Naim, A. , & Lofland, J. H. The employee absenteeism costs of inflammatory bowel disease: evidence from US National Survey Data [J]. Journal of Occupational and Environmental Medicine, 2013, 55 (4): 393 –401.

[121] Guo, J. Conspiracies and test compromise: An evaluation of the resistance of test systems to small-scale cheating [J]. International Journal of Testing, 2019, 9 (4).

[122] Hakel, M. D. E. Beyond multiple choice: evaluating alternatives to traditional testing for selection [M]. Psychology Press, 2013.

[123] Hambleton, R. K. Fundamentals of item response theory [M]. Sage publications, 1991.

[124] Herrell J. , Dunneback S. Millennial perspectives and priorities [J]. Journal of the Scholarship of Teaching and Learning, 2015, 15 (5): 49 – 63.

[125] Hershatter, A. , & Epstein, M. Millennials and the world of work: An organization and management perspective [J]. Journal of Business and Psychology, 2010, 25 (2): 211 –223.

[126] Hertel, G. , Naumann, S. , Konradt, U. , & Batinic, B. Personality assessment via Internet: Comparing online and paper-and-pencil questionnaires [J]. Online Social Sciences, 2012: 115 –133.

[127] Heskett, J. How Will Millennials Manage? [J]. Working Knowledge Newsletter, 2017.

［128］ Hinton, Geoffrey E. , and Ruslan R. Salakhutdinov. Reducing the dimensionality of data with neural networks ［J］. science313. 5786, 2006: 504 – 507.

［129］ Hofstede, G. Culture's consequences: International differences in work-related values (Vol. 5) ［M］. Sage, 1984.

［130］ Hofstede, G. , Hofstede, G. J. , & Minkov, M. Cultures and organizations: Software of the mind (Vol. 2) ［M］. London: McGraw-Hill, 1991.

［131］　　［132］ Hofstede, G. H. , & Hofstede, G. Culture's consequences: Comparing values, behaviors, institutions and organizations across nations ［M］. Sage, 2011.

［132］ Hollenbeck, J. R. , Gerhart, B. , & Wright, P. M. Human resource management: Gaining a competitive advantage ［M］. Chicago, IL: Irwin, 1997.

［133］ Holt S. , Marques J. , Way D. Bracing for the millennial workforce: Looking for ways to inspire Generation Y ［J］. Journal of Leadership, Accountability and Ethics, 2012, 9 (6): 81 – 93.

［134］ Hooper, R. S. , Galvin, T. P. , Kilmer, R. A. , & Liebowitz, J. Use of an expert system in a personnel selection process ［J］. Expert systems with Applications, 1998, 14 (4): 425 – 432.

［135］ Hough, L. M. Development and evaluation of the "accomplishment record" method of selecting and promoting professionals ［J］. Journal of Applied Psychology, 1984, 69 (1).

［136］ Hough, L. M. Criterion-related validities of personality constructs and the effect of response distortion on those validities ［J］. Journal of Applied Psychology, 1990, 75 (5).

［137］ Hough, L. M. Effects of intentional distortion in personality measurement and evaluation of suggested palliatives ［J］. Human Performance,

1998, 11 (2 - 3): 209 - 244.

[138] Hough, L. M. They're right, well. mostly right: Research evidence and an agenda to rescue personality testing from 1960s insights [J]. Human Performance, 2015, 18 (4).

[139] Hough, L. M., Oswald, F. L., & Ployhart, R. E. Determinants, detection and amelioration of adverse impact in personnel selection procedures: Issues, evidence and lessons learned [J]. International Journal of Selection and Assessment, 2011, 9 (1): 152 - 194.

[140] Hui, C. H., & Triandis, H. C. Individualism-collectivism a study of cross-cultural researchers [J]. Journal of Cross-cultural Psychology, 1986, 17 (2): 225 - 248.

[141] Iles, P. A., & Robertson, I. T. The impact of personnel selection procedures on candidates [J]. International Handbook of Selection and Assessment, 1997: 543 - 566.

[142] Impicciatore, P., Pandolfini, C., Casella, N., & Bonati, M. Reliability of health information for the public on the World Wide Web: systematic survey of advice on managing fever in children at home. Bmj, 1997, 314 (7098): 1875.

[143] Inwald, R. E. Five-year follow-up study of departmental terminations as predicted by 16 preemployment psychological indicators [J]. Journal of Applied Psychology, 1988, 73 (4).

[144] Iverson, R. D., & Deery, S. J. Understanding the "personological" basis of employee withdrawal: the influence of affective disposition on employee tardiness, early departure, and absenteeism [J]. Journal of Applied Psychology, 2011, 86 (5): 856.

[145] Jackson, E. M., & Johnson, R. E. When opposites do (and do not) attract: Interplay of leader and follower self-identities and its consequences

for leader-member exchange [J]. The Leadership Quarterly, 2018, 23 (3): 488 – 501.

[146] Jang H. S. , Maghelal P. Exploring Millennial generation in task values and sector choice: A case of employment in planning [J]. International Journal of Public Administration, 2016, 39 (3): 173 – 183.

[147] Jaramillo, F. , Mulki, J. P. , & Marshall, G. W. A meta-analysis of the relationship between organizational commitment and salesperson job performance: 25 years of research [J]. Journal of Business Research, 2015, 58 (6): 705 –714.

[148] Jeswani, S. Impact of Individual Personality on Turnover Intention A Study on Faculty Members [J]. Management and Labour Studies, 2012, 37 (3): 255.

[149] Junginger, C. Who is training whom? The effect of the Millennial Generation [J]. FBI Law Enforcement Bulletin, 2018, 77 (9).

[150] Kantrowitz, T. M. , Dawson, C. R. , & Fetzer, M. S. Computer adaptive testing (CAT): A faster, smarter, and more secure approach to pre-employment testing [J]. Journal of Business and Psychology, 2011, 26 (2): 227 – 232.

[151] Katz, D. , & Kahn, R. L. (1978). The social psychology of organizations.

[152] Khan S. A. , Agha K. Dynamics of the work life balance at the firm level: Issues and challenges [J]. Journal of Management Policy and Practice, 2013, 14 (4): 103.

[153] Khan S. A. , Agha K. Dynamics of the work life balance at the firm level: Issues and challenges [J]. Journal of Management Policy and Practice, 2017, 14 (4): 103.

[154] Kohavi, R. Scaling Up the Accuracy of Naive-Bayes Classifiers: A

Decision-Tree Hybrid [M]. In KDD, 1996 (96): 202 – 207.

[155] Kong, M. , Xu, H. , Zhou, A. , & Yuan, Y. . Implicit follow-ership theory to employee creativity: the roles of leader-member exchange, self-efficacy and intrinsic motivation [J]. Journal of Management & Organization, 2019, 25 (1): 81 – 95.

[156] Kremer, H. , Villamor, I. , & Aguinis, H. Innovation leader-ship: Best-practice recommendations for promoting employee creativity, voice, and knowledge sharing [J]. Business Horizons, 2019, 62 (1): 65 – 74.

[157] Kristof, A. L. Person-organization fit: an integrative review of its conceptualizations, measurement, and implications [J]. Personnel Psychol-ogy, 1996, 49 (1): 1 – 49.

[158] Kristof-Brown, A. L. , Zimmerman, R. D. , & Johnson, E. C. Consequences of Individuals'Fit at Work: A Meta-Analysis of Person-Job, Per-son-Organization, Person-Group, And Person-Supervisor Fit [J]. Personnel Psychology, 2015, 58 (2): 281 – 342.

[159] Kuhl J. S. Investing in millennials for the future of your organization [J]. Leader to Leader, 2014 (71): 25 – 30.

[160] Lambert, E. G. , Hogan, N. L. , & Barton, S. M. The impact of job satisfaction on turnover intent: a test of a structural measurement model u-sing a national sample of workers [J]. The Social Science Journal, 2011, 38 (2): 233 – 250.

[161] Ledolter, J. Data mining and business analytics with R [M]. John Wiley & Sons, 2013.

[162] Lee, K. , & Ashton, M. C. Psychometric properties of the HEXACO personality inventory [J]. Multivariate Behavioral Research, 2014, 39 (2): 329 – 358.

[163] Lee, T. W. , Ashford, S. J. , Walsh, J. P. , & Mowday, R. T.

Commitment propensity, organizational commitment, and voluntary turnover: A longitudinal study of organizational entry processes [J]. Journal of Management, 1992, 18 (1): 15 – 32.

[164] Lee C. K. , Lee Y. K. , Wicks B E. Segmentation of festival motivation by nationality and satisfaction [J]. Tourism Management, 2014, 25 (1): 61 – 70.

[165] Lee K, Ashton M C. Psychometric properties of the HEXACO personality inventory [J]. Multivariate Behavioral Research, 2014, 39 (2): 329 – 358.

[166] Leigh, J. P. Determinants of Emplyee Tardiness [J]. Work and Occupations, 1988, 15 (1).

[167] Leigh, J. P. , & Lust, J. (1988). Determinants of Emplyee Tardiness [J]. Work and Occupations, 1988, 15 (1): 78 – 95.

[168] LePine, J. A. Adaptability to changing task contexts: Effects of general cognitive ability, conscientiousness, and openness to experience [J]. Personnel Psychology, 2010, 53 (3).

[169] Leroy, H. , Anseel, F. , Gardner, W. L. , & Sels, L. Authentic leadership, authentic followership, basic need satisfaction, and work role performance: A cross-level study [J]. Journal of Management, 2015, 41 (6): 1677 – 1697.

[170] Levine, M. V. , & Rubin, D. B. Measuring the appropriateness of multiple-choice test scores. Journal of Educational and Behavioral Statistics, 1979, 4 (4): 269-290.

[171] Li, A. , & Cropanzano, R. Fairness at the group level: Justice climate and intraunit justice climate [J]. Journal of Management, 2019, 35 (3): 564 – 599.

[172] Licht, A. N. , Goldschmidt, C. , & Schwartz, S. H. Culture

rules: The foundations of the rule of law and other norms of governance [J]. Journal of Comparative Economics, 2017, 35 (4): 659 – 688.

[173] Lievens, F. Recent trends and challenges in personnel selection [J]. Personnel Review, 2012, 31 (5).

[174] Lippincott J. K. Information commons: Meeting millennials' needs [J]. Journal of Library Administration, 2012, 52 (6 –7): 538 –548.

[175] Liu M. Y. , Tuzel O. Coupled generative adversarial networks [C]//Advances in neural information processing systems, 2016: 469 –477.

[176] Lord, F. M. , Novick, M. R. , & Birnbaum, A. . (1968). Statistical theories of mental test scores.

[177] Lubinski, D. States of excellence [J]. American Psychologist, 2010, 55 (1).

[178] Lublin, J. Keeping Clients by Keeping Workers [J]. The Wall Atreet Journal, 2016: B1.

[179] Luo, Y. G. P. , philosophies, and implications. Human systems management. Guanxi: Principles, philosophies, and implications [J]. Human Systems Management, 1997, 16 (1): 43.

[180] Maderick, J. A. (2013). Validity of Subjective Self-Assessment of Digital Competence Among Undergraduate Preservice Teachers.

[181] Marcinkus Murphy, W. Reverse mentoring at work: Fostering cross-generational learning and developing millennial leaders [J]. Human Resource Management, 2016, 51 (4): 549 –573.

[182] Marcinkus Murphy W. Reverse mentoring at work: Fostering cross-generational learning and developing millennial leaders [J]. Human Resource Management, 2012, 51 (4): 549 –573.

[183] Marcinkus Murphy W. Reverse mentoring at work: Fostering cross-generational learning and developing millennial leaders [J]. Human Resource

Management, 2019, 51 (4): 549 – 573.

[184] Marinagi, C. C. , Kaburlasos, V. G. , & Tsoukalas, V. T. . An architecture for an adaptive assessment tool. Paper presented at the In Frontiers In Education Conference-Global Engineering [J]. Knowledge Without Borders, Opportunities Without Passports, 2017.

[185] Martin, D. C. , & Bartol, K. M. Managing turnover strategically [J]. Personnel Administrator, 1985, 30 (11): 63 – 73.

[186] Matthews, G. , Deary, I. J. , & Whiteman, M. C. Personality traits [M]. Cambridge University Press, 2013.

[187] Maurer, S. D. , & Cook, D. P. Using company web sites to e-recruit qualified applicants: A job marketing based review of theory-based research [J]. Computers in Human Behavior, 2011, 27 (1): 106 – 117.

[188] Mayfield, M. , & Mayfield, J. (2015) . ML New Instrument Questionnaire.

[189] McClelland, D. C. How motives, skills, and values determine what people do [J]. American Psychologist, 1985, 40 (7).

[190] McEvoy, G. M. , & Cascio, W. F. Do good or poor performers leave? A meta-analysis of the relationship between performance and turnover [J]. Academy of Management Journal, 1987, 30 (4): 744.

[191] McGinnis Johnson J, Ng E S. Money talks or millennials walk: The effect of compensation on nonprofit millennial workers sector-switching intentions [J]. Review of Public Personnel Administration, 2016, 36 (3): 283 – 305.

[192] McManus, M. A. Personality measures and biodata: Evidence regarding their incremental predictive value in the life insurance industry [J]. Personnel Psychology, 1999, 52 (1).

[193] Meir, E. I. , & Hasson, R. Congruence between personality type

and environment type as a predictor of stay in an environment [J]. Journal of Vocational Behavior, 1982, 21 (3): 309 –317.

[194] Meister J. C. , Willyerd K. Mentoring millennials [J]. Harvard Business Review, 2010, 88 (5): 68 –72..

[195] Mello, J. Strategic human resource management [M]. Cengage Learning, 2014.

[196] Meyer, J. P. , Hecht, T. D. , Gill, H. , & Toplonytsky, L. Person-organization (culture) fit and employee commitment under conditions of organizational change: A longitudinal study [J]. Journal of Vocational Behavior, 2010, 76 (3): 458 –473.

[197] Mobley. Review and conceptual analysis of the employee turnover process [J]. Psychological Bulletin, 1979, 86 (3).

[198] Mobley, & Hollingsworth. An evaluation of precursors of hospital employee turnover [J]. Journal of Applied Psychology, 1978, 63, 408.

[199] Mobley, Horner, & Hollingsworth. An evaluation of precursors of hospital employee turnover [J]. Journal of Applied Psychology, 1978, 63 (4): 408.

[200] Monaco M. , Martin M. The millennial student: A new generation of learners [J]. Athletic Training Education Journal, 2017, 2 (2): 42 –46.

[201] Morgeson, F. P. Reconsidering the use of personality tests in personnel selection contexts [J]. Personnel Psychology, 2007, 60 (3).

[202] Morris, S. B. , & Lobsenz, R. E. Significance tests and confidence intervals for the adverse impact ratio [J]. Personnel Psychology, 2010, 53 (1): 89 –112.

[203] Mount, M. K. Incremental validity of empirically keyed biodata scales over GMA and the five factor personality constructs [J]. Personnel Psychology, 2010, 53 (2).

［204］Mount, M. K. , & Muchinsky, P. M. Person-environment congru-ence and employee job satisfaction: A test of Holland's theory ［J］. Journal of Vocational Behavior, 1978, 13 (1): 84 – 100.

［205］Mueller-Hanson, R. Faking and selection: Considering the use of personality from select-in and select-out perspectives ［J］. Journal of Applied Psychology, 2013, 88 (2).

［206］Muller, J. The predictive validity of the selection battery used for junior leader training within the South African National Defence Force. South Af-rican Journal of Industrial Psychology, 2013, 29 (3).

［207］Munro, C. R. Mentoring needs and expectations of generation-y hu-man resources practitioners: Preparing the next wave of strategic business part-ners ［J］. Journal of Management Research, 2009, 1 (2).

［208］Murphy, K. R. Psychological measurement ［J］. Abilities and skills, 1988.

［209］Nematzadeh, B. Comparison of Decision Tree and Naïve Bayes Methods in Classification of Researcher's Cognitive Styles in Academic Environ-ment ［J］. Journal of Advances in Computer Research, 2012, 3 (2): 23 – 34.

［210］Newman, D. A. , & Lyon, J. S. Recruitment efforts to reduce ad-verse impact: targeted recruiting for personality, cognitive ability, and diversi-ty ［J］. Journal of Applied Psychology, 2019, 94 (2): 298.

［211］Ng E. S. W. , Schweitzer L. , Lyons S. T. New generation, great expectations: A field study of the millennial generation ［J］. Journal of Business and Psychology, 2010, 25 (2): 281 – 292.

［212］Nordin N. , Malik M. Undergraduates' Barriers to Creative Thought and Innovative in a New Millennial Era ［J］. Procedia-Social and Behavioral Sci-ences, 2015, 201 (4): 93 – 101.

[213] Nyberg, A. Retaining your high performers: Moderators of the performancejob satisfactionvoluntary turnover relationship [J]. Journal of Applied Psychology, 2010, 95 (3).

[214] Ogneva, M. How companies can use sentiment analysis to improve their business [J]. Retrieved August, 2010: 30.

[215] Oh, I. S. , Guay, R. P. , Kim, K. , Harold, C. M. , Lee, J. H. , Heo, C. G. , & Shin, K. H. Fit Happens Globally: A Meta-Analytic Comparison of the Relationships of Person-Environment Fit Dimensions with Work Attitudes and Performance Across East Asia, Europe, and North America. Personnel Psychology, 2014, 67 (1): 99 – 152.

[216] O'Reilly, C. A. , Chatman, J. , & Caldwell, D. F. People and organizational culture: A profile comparison approach to assessing person-organization fit [J]. Academy of Management Journal, 1991, 34 (3): 487 – 516.

[217] Ortony, A. The cognitive structure of emotions [M]. Cambridge university press, 1990.

[218] Oswald, F. L. Developing a biodata measure and situational judgment inventory as predictors of college student performance [J]. Journal of Applied Psychology, 2014, 89 (2).

[219] Palmeri, C. Putting Managers to the Test [J]. Business Week, 2016: 82.

[220] Pant, J. J. , & Venkateswaran, V. Exploring millennial psychological contract expectations across talent segments [J]. Employee Relations, 2019, 41 (4): 773 – 792.

[221] Parboteeah, K. P. , Bronson, J. W. , & Cullen, J. B. Does national culture affect willingness to justify ethically suspect behaviors? A focus on the GLOBE national culture scheme [J]. International Journal of Cross Cultural Management, 2015, 5 (2): 123 – 138.

［222］Pearson J. C. , Carmon A. , Tobola C. , et al. Motives for communication: Why the millennial generation uses electronic devices ［J］. Journal of the Communication, Speech & Theatre Association of North Dakota, 2010, 22 (1): 45 – 55.

［223］Piasentin, K. A. , & Chapman, D. S. Perceived similarity and complementarity as predictors of subjective person-organization fit. Journal of Occupational and Organizational Psychology, 2017, 80 (2): 341 – 354.

［224］Pirola-Merlo, A. , Härtel, C. , Mann, L. , & Hirst, G. How leaders influence the impact of affective events on team climate and performance in R&D teams ［J］. The Leadership Quarterly, 2018, 13 (5): 561 – 581.

［225］Ployhart, R. E. , & Holtz, B. C. The diversity-validity dilemma: Strategies for reducing racioethnic and sex subgroup differences and adverse impact in selection. Personnel Psychology, 2018, 61 (1): 153 – 172.

［226］Posthuma, R. A. Beyond employment interview validity: A comprehensive narrative review of recent research and trends over time. Personnel Psychology, 2012, 55 (1).

［227］Potosky, D. , & Bobko, P. Selection Testing via the Internet: Practical Considerations and Exploratory Empirical Findings *. Personnel Psychology, 2014, 57 (4): 1003 – 1034.

［228］Praveen Parboteeah, K. , Addae, H. M. , & Cullen, J. B. National culture and absenteeism: An empirical test ［J］. International Journal of Organizational Analysis, 2015, 13 (4): 343 – 361.

［229］Raines, C. Managing millennials. Connecting Generations ［J］. The Sourcebook, 2012.

［230］Ray, R. , Mitchell, C. , & Abel, A. L. The State of Human Capital 2012: False Summit: why the Human Capital Function Still Has Far to Go ［J］. Conference Board, 2012.

［231］ Ray J. A. Family Connections: Today's Young Families: Success-ful Strategies for Engaging Millennial Parents ［J］. Childhood Education, 2013, 89 (5): 332 – 334.

［232］ Reilly, R. R. An examination of the effects of using behavior checklists on the construct validity of assessment center dimensions ［J］. Personnel Psychology, 1990, 43 (1).

［233］ Reise, S. P. , & Waller, N. G. Fitting the two-parameter model to personality data ［J］. Applied Psychological Measurement, 1990, 14 (1): 45 – 58.

［234］ Reynolds, K. J. , Turner, J. C. , & Haslam, S. A. Social identity and self-categorization theories: Contribution to understanding identification, salience, and diversity in teams and organizations. Research in managing groups and teams, 2003 (5): 279 – 304.

［235］ Rich, B. L. , Lepine, J. A. , & Crawford, E. R. Job engagement: Antecedents and effects on job performance ［J］. Academy of Management Journal, 2010, 53 (3): 617 – 635.

［236］ Richman, W. L. , Kiesler, S. , Weisband, S. , & Drasgow, F. A meta-analytic study of social desirability distortion in computer-administered questionnaires, traditional questionnaires, and interviews ［J］. Journal of Applied Psychology, 1999, 84 (5): 754.

［237］ Roehl A. , Reddy S. L. , Shannon G. J. The flipped classroom: An opportunity to engage millennial students through active learning ［J］. Journal of Family and Consumer Sciences, 2013, 105 (2): 44 – 49.

［238］ Rosse, J. G. , & Miller, H. E. Relationship between absenteeism and other employee behaviors ［J］. Absenteeism, 1984 (1): 194 – 228.

［239］ Rothstein, M. Decision making in the employment interview ［J］. An experimental approach. Journal of Applied Psychology, 1980, 65 (3).

［240］Rothstein, M. G. The use of personality measures in personnel selection: What does current research support? ［J］. Human Resource Management Review, 2016, 16 (2).

［241］Rothstein, M. G., & Goffin, R. D. The use of personality measures in personnel selection: What does current research support? ［J］. Human Resource Management Review, 2016, 16 (2): 155 - 180.

［242］Rothstein, M. G., & Jelly, R. B. The challenge of aggregating studies of personality ［J］. Validity generalization: A critical review, 2013: 223 - 262.

［243］Rousseau, D. Quantitative assessment of organizational culture: The case for multiple measures ［J］. Frontiers in industrial and organizational psychology, 1990, 3: 153 - 192.

［244］Rynes, S. L. Recruitment, job choice, and post-hire consequences: A call for new research directions ［J］. CAHRS Working Paper Series, 1989: 398.

［245］Sackett, P. R., Schmitt, N., Ellingson, J. E., & Kabin, M. B. High-stakes testing in employment, credentialing, and higher education: Prospects in a post-affirmative-action world ［J］. American Psychologist, 2011, 56 (4): 302.

［246］Salgado, J. F. Predicting job performance using FFM and non-FFM personality measures ［J］. Journal of Occupational and Organizational Psychology, 2013, 76 (3): 323 - 346.

［247］Salgado, J. F., Anderson, N., Moscoso, S., Bertua, C., De Fruyt, F., & Rolland, J. P. A meta-analytic study of general mental ability validity for different occupations in the European community ［J］. Journal of Applied Psychology, 2013, 88 (6): 1068.

［248］Schaufeli, W. Past performance and future perspectives of burnout research [J]. SA Journal of Industrial Psychology, 2013, 29 (4): 1 – 15.

[249] Schermuly, C. C., Meyer, B., & Dämmer, L. Leader-member exchange and innovative behavior [J]. Journal of Personnel Psychology, 2018, 23 (2): 46 – 65.

[250] Schiuma, G., Vuori, V., & Okkonen, J. Knowledge sharing motivational factors of using an intra-organizational social media platform [J]. Journal of Knowledge Management, 2016, 56 (1): 73 – 106.

[251] Schmidt, F. L. The validity and utility of selection methods in personnel psychology: Practical and theoretical implications of 85 years of research findings [J]. Psychological Bulletin, 1998, 124 (2).

[252] Schmidt, F. L., & Hunter, J. E. Tacit knowledge, practical intelligence, general mental ability, and job knowledge [J]. Current Directions in Psychological Science, 1993, 2 (1): 8 – 9.

[253] Schmitt, N. Sex and race composition of assessment center groups as a determinant of peer and assessor ratings [J]. Journal of Applied Psychology, 1977, 62 (3).

[254] Schmitt, N. Impact of elaboration on socially desirable responding and the validity of biodata measures [J]. Journal of Applied Psychology, 2013, 88 (6).

[255] Schmitt, N., Gooding, R. Z., Noe, R. A., & Kirsch, M. Meta-analysis of validity studies published between 1964 and 1942 and the investigation of study characteristics [J]. Personnel Psychology, 1984, 37: 407 – 422.

[256] Schmitt, N., Rogers, W., Chan, D., Sheppard, L., & Jennings, D. Adverse impact and predictive efficiency of various predictor combinations [J]. Journal of Applied Psychology, 1997, 82 (5): 719.

[257] Schuh, S. C., Zhang, X. A., Morgeson, F. P., Tian, P., &

van Dick, R. Are you really doing good things in your boss's eyes? Interactive effects of employee innovative work behavior and leader-member exchange on supervisory performance ratings [J]. Human Resource Management, 2018, 57 (1): 397 – 409.

[258] Scott D., McMullen T., Royal M. Retention of key talent and the role of rewards [J]. World at Work Journal, 2012, 21 (4): 58 – 70.

[259] Scott D., McMullen T., Royal M. Retention of key talent and the role of rewards [J]. World at Work Journal, 2017, 21 (4): 58 – 70.

[260] Sheridan, J. E. Organizational culture and employee retention [J]. Academy of Management Journal, 1992, 35 (5): 1036 – 1056.

[261] Sibley, C. G. The Mini-IPIP6: Item Response Theory analysis of a short measure of the big-six factors of personality in New Zealand [J]. New Zealand Journal of Psychology, 2012, 41 (3): 20.

[262] Simms, L. J. Validation of a computerized adaptive version of the Schedule for Nonadaptive and Adaptive Personality (SNAP) [J]. Psychological Assessment, 2005, 17 (1).

[263] Simms, L. J. Development, reliability, and validity of a computerized adaptive version of the schedule for nonadaptive and adaptive personality [M]. Doctoral dissertation, The University of Iowa, 2012.

[264] Staw, B. M. Stability in the midst of change: A dispositional approach to job attitudes [J]. Journal of Applied Psychology, 1985, 70 (3).

[265] Stevenson, R. A. Characterization of the affective norms for English words by discrete emotional categories [J]. Behavior Research Methods, 2017, 39 (4).

[266] Stokes, G. S., Mumford, M. D., & Owens, W. A. Biodata handbook: Theory, research, and use of biographical information in selection and performance prediction [M]. CPP Books, 1994.

[267] Sullivan, J. Not All Turnover is Equal [J]. Workforce Management, 2017: 42.

[268] Tett, R. P., & Meyer, J. P. Job satisfaction, organizational commitment, turnover intention, and turnover: path analyses based on meta-analytic findings [J]. Personnel Psychology, 1993, 46 (2): 259 – 293.

[269] Tett, R. P., Jackson, D. N., & Rothstein, M. Personality measures as predictors of job performance: A meta-analytic review [J]. Personnel Psychology, 1991, 44 (4): 703 – 742.

[270] Thompson, C., & Gregory, J. B. Managing millennials: A framework for improving attraction, motivation, and retention [J]. The Psychologist-Manager Journal, 2012, 15 (4): 237 – 246.

[271] Tippins, N. T., & Adler, S. Technology-enhanced assessment of talent (Vol. 30) [M]. John Wiley & Sons, 2011.

[272] Tom, V. R. The role of personality and organizational images in the recruiting process. Organizational Behavior and Human Performance, 1971, 6 (5): 573 – 592.

[273] Trick, M. (2013). Data Envelopment Analysis: Michel Trick's Operations Research. Retrieved from http://mat.gsia.cmu.edu/classes/QUANT/NOTES/chap12.pdf.

[274] Turney, P. D. Thumbs up or thumbs down?: semantic orientation applied to unsupervised classification of reviews [J]. Association for Computational Linguistics, 2019: 417 – 424.

[275] Waller, N. G. Computerized adaptive personality assessment: an illustration with the Absorption scale [J]. Journal of Personality and Social Psychology, 1989, 57 (6).

[276] Wanek, J. E. Towards an Understanding of Integrity Test Similarities and Differences: An Itemlevel Analysis of Seven Tests [J]. Personnel Psy-

chology, 2013, 56 (4).

[277] Wang, A. C. , & Cheng, B. S. When does benevolent leadership lead to creativity? The moderating role of creative role identity and job autonomy [J]. Journal of Organizational Behavior, 2016, 31 (1): 106 – 121.

[278] Wang, X. H. , Fang, Y. , Qureshi, I. , & Janssen, O. Understanding employee innovative behavior: Integrating the social network and leader-member exchange perspectives [J] . Journal of Organizational Behavior, 2018, 36 (3): 403 – 420.

[279] Weiss, H. M. , & Adler, S. Personality and organizational behavior [J]. Research in Organizational Behavior, 1984.

[280] Wiener, Y. Forms of Value Systems: A Focus on Organizational Effectiveness and Cultural Change and Maintenance [J]. The Academy of Management Review, 1988, 13 (4): 534 – 545. doi: 10. 2307/258373.

[281] Zhang, S. , Ke, X. , Frank Wang, X. H. , & Liu, J. Empowering leadership and employee creativity: A dual-mechanism perspective [J]. Journal of Occupational and Organizational Psychology, 2018, 91 (4): 896 – 917.

附　　录

 附录 A　人格量表描述

Domain-Level & Facet-Level Scales	Definition
Honesty-Humility	Persons with very high scores on the Honesty-Humility scale avoid manipulating others for personal gain, feel little temptation to break rules, are uninterested in lavish wealth and luxuries, and feel no special entitlement to elevated social status. Conversely, persons with very low scores on this scale will flatter others to get what they want, are inclined to break rules for personal profit, are m otivated by material gain, and feel a strong sense of self-importance.
Sincerity	The Sincerity scale assesses a tendency to be genuine in interpersonal relations. Low scorers will flatter others or pretend to like them in order to obtain favors, where as high scorers are unwilling to manipulate others.
Fairness	The Fairness scale assesses a tendency to avoid fraud and corruption. Low scorers are willing to gain by cheating or stealing, whereas high scorers are unwilling to take advantage of other individuals or of society at large.
Greed Avoidance	The Greed Avoidance scale assesses a tendency to be uninterested in possessing lavish wealth, luxury goods, and signs of high social status. Low scorers want to enjoy and to display wealth and privilege, whereas high scorers are not especially motivated by monetary or social-status considerations.
Modesty	The Modesty scale assesses a tendency to be modest and unassuming. Low scorers consider themselves as superior and as entitled to privileges that others do not have, whereas high scorers view themselves as ordinary people without any claim to special treatment.

Domain-Level & Facet-Level Scales	Definition
Emotionality	Persons with very high scores on the Emotionality scale experience fear of physical dangers, experience anxiety in response to life's stresses, feel a need for emotional support from others, and feel empathy and sentimental attachments with others. Conversely, persons with very low scores on this scale are not deterred by the prospect of physical harm, feel little worry even in stressful situations, have little need to share their concerns with others, and feel emotionally detached from others.
Fearfulness	The Fearfulness scale assesses a tendency to experience fear. Low scorers feel little fear of injury and are relatively tough, brave, and insensitive to physical pain, whereas high scorers are strongly inclined to avoid physical harm.
Anxiety	The Anxiety scale assesses a tendency to worry in a variety of contexts. Low scorers feel little stress in response to difficulties, whereas high scorers tend to become preoccupied even by relatively minor problems.
Dependence	The Dependence scale assesses one's need for emotional support from others. Low scorers feel self-assured and able to deal with problems without any help or advice, whereas high scorers want to share their difficulties with those who will provide encouragement and comfort.
Sentimentality	The Sentimentality scale assesses a tendency to feel strong emotional bonds with others. Lowscorers feel little emotion when saying good-bye or in reaction to the concerns of others, whereas high scorers feel strong emotional attachments and an empathic sensitivity to the feelings of others.
Extraversion	Persons with very high scores on the Extraversion scale feel positively about themselves, feel confident when leading or addressing groups of people, enjoy social gatherings and interactions, and experience positive feelings of enthusiasm and energy. Conversely, persons with very low scores on this scale consider themselves unpopular, feel awkward when they are the center of social attention, are indifferent to social activities, and feel less lively and optimistic than others do.
Social Self-Esteem	The Social Self-Esteem scale assesses a tendency to have positive self-regard, particularly in social contexts. High scorers are generally satisfied with themselves and consider themselves to have likable qualities, whereas low scorers tend to have a sense of personal worthlessness and to see themselves as unpopular.

Domain-Level & Facet-Level Scales	Definition
Social Boldness	The Social Boldness scale assesses one's comfort or confidence within a variety of social situations. Low scorers feel shy or awkward in positions of leadership or when speaking in public, whereas high scorers are willing to approach strangers and are willing to speak up within group settings.
Sociability	The Sociability scale assesses a tendency to enjoy conversation, social interaction, and parties. Low scorers generally prefer solitary activities and do not seek out conversation, whereas high scorers enjoy talking, visiting, and celebrating with others.
Liveliness	The Liveliness scale assesses one's typical enthusiasm and energy. Low scorers tend not to feel especially cheerful or dynamic, whereas high scorers usually experience a sense of optimism and high spirits.
Agreeableness	Persons with very high scores on the Agreeableness scale forgive the wrongs that they suffered, are lenient in judging others, are willing to compromise and cooperate with others, and can easily control their temper. Conversely, persons with very low scores on this scale hold grudges against those who have harmed them, are rather critical of others' shortcomings, are stubborn in defending their point of view, and feel anger readily in response to mistreatment.
Forgivingness	The Forgivingness scale assesses one's willingness to feel trust and liking toward those who may have caused one harm. Low scorers tend "hold a grudge" against those who have offended them, whereas high scorers are usually ready to trust others again and to re-establish friendly relations after having been treated badly.
Gentleness	The Gentleness scale assesses a tendency to be mild and lenient in dealings with other people. Low scorers tend to be critical in their evaluations of others, whereas high scorers are reluctant to judge others harshly.
Flexibility	The Flexibility scale assesses one's willingness to compromise and cooperate with others. Low scorers are seen as stubborn and are willing to argue, whereas high scorers avoid arguments and accommodate others' suggestions, even when these may be unreasonable.

Domain-Level & Facet-Level Scales	Definition
Patience	The Patience scale assesses a tendency to remain calm rather than to become angry. Low scorers tend to lose their tempers quickly, whereas high scorers ha ve a high threshold for feeling or expressing anger.
Conscientiousness	Persons with very high scores on the Conscientiousness scale organize their time and their physical surroundings, work in a disciplined way toward their goals, strive for accuracy and perfection in their tasks, and deliberate carefully when making decisions. Conversely, persons with very low scores on this scale tend to be unconcerned with orderly surroundings or schedules, avoid difficult tasks or challenging goals, are satisfied with work that contains some errors, and make decisions on impulse or with little reflection.
Organization	The Organization scale assesses a tendency to seek order, particularly in one's physical surroundings. Low scorers tend to be sloppy and haphazard, where as high scorers keep things tidy and prefer a structured approach to tasks.
Diligence	The Diligence scale assesses a tendency to work hard. Low scorers have little self-discipline and are not strongly motivated to achieve, whereas high scorers have a strong "work ethic" and are willing to exert themselves.
Perfectionism	The Perfectionism scale assesses a tendency to be thorough and concerned with details. Low scorers tolerate some errors in their work and tend to neglect details, whereas high scorers check carefully for mistakes and potential improvements.
Prudence	The Prudence scale assesses a tendency to deliberate carefully and to inhibit impulses. Low scorers act on impulse and tend not to consider consequences, whereas high scorers consider their options carefully and tend to be cautious and self-controlled.
Openness to Experience	Persons with very high scores on the Openness to Experience scale become absorbed in the beauty of art and nature, are inquisitive about various domains of knowledge, use their imagination freely in everyday life, and take an interest in unusual ideas or people. Conversely, persons with very low scores on this scale are rather unimpressed by most works of art, feel little intellectual curiosity, avoid creative pursuits, and feel little attraction toward ideas that may seem radical or unconventional.

Domain-Level & Facet-Level Scales	Definition
Aesthetic Appreciation	The Aesthetic Appreciation scale assesses one's enjoyment of beauty in art and in nature. Low scorers tend not to become absorbed in works of art or in natural wonders, whereas high scorers have a strong appreciation of various art forms and of natural wonders.
Inquisitiveness	The Inquisitiveness scale assesses a tendency to seek information about, and experience with, the natural and human world. Low scorers have little curiosity about the natural or social sciences, whereas high scorers read widely and are interested in travel.
Creativity	The Creativity scale assesses one's preference for innovation and experiment. Low scorers have little inclination for original thought, whereas high scorers actively seek new solutions to problems and express themselves in art.
Unconventionality	The Unconventionality scale assesses a tendency to accept the unusual. Low scorers avoid eccentric or nonconforming persons, whereas high scorers are receptive to ideas that might seem strange or radical.
(interstitial facet scale) Altruism	The Altruism (versus Antagonism) scale assesses a tendency to be sympathetic and soft-hearted toward others. High scorers avoid causing harm and react with generosity toward those who are weak or in need of help, whereas low scorers are not upset by the prospect of hurting others and may be seen as hard-hearted.

 附录 B　样本特征

	中国企业员工		美国企业员工	
性别				
女	43	44.33%	67	43.23%
男	54	55.67%	88	56.77%

续表

	中国企业员工		美国企业员工	
年龄				
<=20	0	0.00%	8	5.16%
20~29	31	31.96%	133	85.81%
30~39	40	41.24%	9	5.81%
40~49	23	23.71%	4	2.58%
>=50	3	3.09%	1	0.65%
婚姻状况				
单身	36	37.11%	122	78.71%
已婚	57	58.76%	24	15.48%
离异	3	3.09%	8	5.16%
丧偶	1	1.03%	1	0.65%
教育程度				
高中以下	2	2.06%	4	2.58%
高中	1	1.03%	22	14.19%
大学本科	29	29.90%	81	52.26%
硕士研究生及以上	65	67.01%	47	30.32%
不愿作答	0	0.00%	1	0.65%
Full time work experience				
0~5 years	27	27.84%	131	84.52%
6~10 years	20	20.62%	15	9.68%
11~15 years	25	25.77%	3	1.94%
16~20 years	12	12.37%	1	0.65%
more than 20 years	14	14.43%	5	3.23%
工作年限				
0~5 年	50	51.55%	143	92.26%
6~10 年	19	19.59%	6	3.87%
11~15 年	19	19.59%	4	2.58%
16~20 年	5	5.15%	0	0.00%
大于 20 年	5	5.15%	2	1.29%

	中国企业员工		美国企业员工	
组织类型				
能源	5	5.15%	16	10.32%
材料	0	0.00%	1	0.65%
工业	21	21.65%	3	1.94%
消费品生产－非主食	2	2.06%	11	7.10%
消费品生产－主食	0	0.00%	8	5.16%
医疗保健	1	1.03%	9	5.81%
财政	15	15.46%	16	10.32%
信息技术	14	14.43%	58	37.42%
电信服务	7	7.22%	6	3.87%
公用事业	6	6.19%	2	1.29%
房地产	5	5.15%	2	1.29%
教育	15	15.46%	21	13.55%
军事	0	0.00%	2	1.29%
政府	6	6.19%	0	0.00%
工作类型				
非熟练工	13	13.40%	18	11.61%
熟练工	19	19.59%	69	44.52%
专业技能	65	67.01%	68	43.87%
组织规模				
小型	17	17.53%	67	43.23%
中型	25	25.77%	33	21.29%
大型	55	56.70%	55	35.48%
职业				
管理人员	38	39.18%	41	26.45%
独立承包商	0	0.00%	0	0.00%
企业主	1	1.03%	9	5.81%
股东	2	2.06%	2	1.29%
办公室及行政人员	10	10.31%	12	7.74%
医疗支持	1	1.03%	2	1.29%
保护服务	1	1.03%	3	1.94%

	中国企业员工		美国企业员工	
食品服务	0	0.00%	7	4.52%
个人护理	0	0.00%	3	1.94%
安装、维护和维修	0	0.00%	3	1.94%
地面清洁及保养	0	0.00%	1	0.65%
其他服务	2	2.06%	24	15.48%
行业工人或劳动者	0	0.00%	2	1.29%
专业技术人员	30	30.93%	35	22.58%
教育	12	12.37%	8	5.16%

附录 C 美国员工样本的 DEA 结果

[1] 1.0000000 1.0000000 1.0000000 1.0000000 1.0000000 0.9216336 0.8966420

[8] 0.9500000 0.8672199 1.0000000 1.0000000 0.9288713 1.0000000 1.0000000

[15] 0.9800995 1.0000000 0.8214286 1.0000000 1.0000000 1.0000000 0.8965517

[22] 0.8925729 1.0000000 1.0000000 0.9898580 1.0000000 0.7951002 1.0000000

[29] 0.8865810 1.0000000 1.0000000 1.0000000 1.0000000 0.8163934 0.8147993

[36] 1.0000000 0.9916736 0.8939173 0.7346319 0.8750000 0.9420849 0.9285714

[43] 1.0000000 1.0000000 1.0000000 1.0000000 1.0000000 0.9065934 0.7935223

[50] 1.0000000 1.0000000 1.0000000 0.8738548 0.8505155 1.0000000 0.9836066

[57] 1.0000000 0.7787879 1.0000000 0.8634752 1.0000000 0.9413793 1.0000000

[64] 1.0000000 0.9079284 1.0000000 1.0000000 1.0000000 0.8081438 1.0000000

[71] 0.9714286 0.9791545 0.9545455 1.0000000 1.0000000 1.0000000 0.9642857

[78] 1.0000000 0.9900000 1.0000000 1.0000000 1.0000000 1.0000000 1.0000000

[85] 1.0000000 1.0000000 1.0000000 1.0000000 0.9750000 1.0000000 1.0000000

[92] 0.8259705 1.0000000 1.0000000 1.0000000 0.9341421 0.8541544 0.8865810

[99] 0.8958087 0.8461538 1.0000000 1.0000000 0.8268398 1.0000000 0.9976019

［106］0. 8933539 0. 9106557 1. 0000000 1. 0000000 1. 0000000 0. 8231293 1. 0000000

［113］1. 0000000 0. 9259259 1. 0000000 1. 0000000 1. 0000000 1. 0000000 1. 0000000

［120］0. 9219512 1. 0000000 1. 0000000 1. 0000000 1. 0000000 1. 0000000 1. 0000000

［127］0. 9926471 1. 0000000 0. 8854369 0. 8272741 0. 9130435 0. 8292683 1. 0000000

［134］0. 8387097 0. 9487179 1. 0000000 0. 9047619 1. 0000000 0. 9942748 0. 9838710

［141］1. 0000000 1. 0000000 0. 9333333 0. 9200000 0. 7106839 0. 8421053 1. 0000000

［148］0. 9285714 1. 0000000 0. 7924528 0. 7127660 1. 0000000 0. 7500000 1. 0000000

［155］0. 7000000

附录 D　中国员工样本的 DEA 结果

［1］0. 9461538 0. 9987332 1. 0000000 1. 0000000 1. 0000000 0. 9166667 1. 0000000

［8］1. 0000000 0. 7614576 1. 0000000 1. 0000000 0. 8658147 1. 0000000 0. 8571429

［15］1. 0000000 1. 0000000 0. 8381503 1. 0000000 0. 9148227 1. 0000000 1. 0000000

［22］1. 0000000 0. 8133333 1. 0000000 1. 0000000 1. 0000000 1. 0000000 0. 9523810

［29］0. 8773585 1. 0000000 1. 0000000 0. 9333333 1. 0000000 1. 0000000 0. 8409166

［36］1. 0000000 1. 0000000 1. 0000000 1. 0000000 1. 0000000 0. 9819005 0. 8431373

［43］1. 0000000 0. 9084010 1. 0000000 1. 0000000 0. 9274194 1. 0000000 0. 9144893

［50］0. 9534884 0. 9388587 1. 0000000 1. 0000000 1. 0000000 1. 0000000 0. 8269878

［57］0. 9826979 1. 0000000 1. 0000000 0. 8642001 0. 9348958 1. 0000000 1. 0000000

［64］1. 0000000 1. 0000000 0. 9583333 1. 0000000 1. 0000000 1. 0000000 0. 8904110

［71］1. 0000000 0. 9448438 1. 0000000 1. 0000000 1. 0000000 0. 8316832 0. 7700722

［78］1. 0000000 1. 0000000 0. 9420290 0. 8904110 1. 0000000 1. 0000000 0. 7572545

［85］1. 0000000 0. 7956343 1. 0000000 1. 0000000 1. 0000000 0. 8884892 0. 8002367

［92］1. 0000000 0. 8090403 1. 0000000 0. 9550938 0. 8251366 0. 9011628

附录 E 调查问卷（中文版）

人口特征

1. 你的性别：

男性　　　　　　女性

2. 你的年龄：

3. 婚姻状况：

单身　　　　　已婚　　　　　离异　　　　　丧偶

4. 你完成的最高教育水平是什么？

高中以下　　　高中　　　　　大学本科

硕士研究生及以上　　　　　不愿作答

5. 你大概有多少年的全职工作经验？

6. 你大概为现在的雇主工作了多少年？

7. 哪个部门最能描述你目前工作的企业？

能源

材料（如采矿、石油钻探或伐木）

工业（用于建筑和制造业的产品生产）

消费品生产

卫生保健

金融

信息技术

电信服务

公用事业企业

房地产

教育

军事

政府

8. 对我的工作最好的描述是：

非熟练工人（几乎不需要或不需要培训）

熟练工人（需要中等水平的培训来完成）

专业工作（需要高水平的培训和/或专业证书来执行）

9. 你如何划分你的组织的规模？

规模小（少于 100 名员工）

中等（100 至 1000 名员工）

规模大（超过 1000 名员工）

10. 哪一类最能描述你的职业？

管理者

独立的承包商

企业主

股东

办公室及行政支援

医疗支持

保护服务

食品准备及服务

个人护理

安装、维护和维修

地面清洁及保养

其他服务

行业工人或劳动者

专业技术人员

教育

人格特质量表

在以下几页中，你会读到一系列关于你的陈述。请阅读每一个陈述，并决定你在多大程度上同意或不同意这个陈述。然后请根据下列评分将你的回答写在对应描述旁边的空白处：

5 = 非常同意

4 = 同意

3 = 中立（既不同意也不反对）

2 = 不同意

1 = 完全不同意

1. 参观美术馆会让我觉得很无聊。

2. 我经常打扫我的办公室或家里。

3. 我很少记仇，即使是对那些严重伤害过我的人。

4. 总的来说，我对自己还算满意。

5. 如果我不得不在恶劣的天气条件下旅行，我会感到害怕。

6. 如果我想从一个我不喜欢的人那里得到什么，我会对那个人表现得很好。

7. 我对学习其他国家的历史和政治很感兴趣。

8. 在工作中，我经常给自己设定雄心勃勃的目标。

9. 人们有时告诉我，我对别人太挑剔了。

10. 我很少在小组会议上发表自己的观点。

11. 我有时忍不住担心一些小事。

12. 如果我知道我永远不会被抓住，我愿意偷一百万美元。

13. 我喜欢循规蹈矩的工作，而不是富有创造力的工作。

14. 我经常反复检查我的工作，避免发生任何错误。

15. 人们有时会说我太固执了。

16. 我避免和别人闲聊。

17. 当我遭受痛苦的经历时，我需要有人安慰我。

18. 拥有很多钱对我来说并不是特别重要。

19. 我认为关注激进思想是在浪费时间。

20. 我做决定是基于当时的感觉，而不是深思熟虑。

21. 人们认为我是个急性子的人。

22. 我几乎一直精力充沛。

23. 看到别人哭我就想哭。

24. 我是一个平凡的人，不比别人好多少。

25. 我不会花时间读一本诗集。

26. 我提前计划和组织事情，避免在最后一刻手忙脚乱。

27. 我对那些对我不好的人的态度是"原谅和忘记"。

28. 我想大多数人喜欢我性格的某些方面。

29. 我不介意做危险的工作。

30. 在工作中，我不会用奉承来获得加薪或升职，即使我认为这样做会成功。

31. 我喜欢看不同地方的地图。

32. 当我努力实现一个目标时，我经常会督促自己。

33. 我通常不会抱怨别人的缺点。

34. 在社交场合，我通常是主动的那个人。

35. 我比大多数人担心得少多了。

36. 如果我经济拮据，我就会忍不住买偷来的东西。

37. 我喜欢创作一件艺术作品，比如小说、歌曲或绘画。

38. 在做一件事的时候，我不太注意小细节。

39. 当别人不同意我的观点时，我通常会很灵活地表达自己的观点。

40. 我喜欢有很多人在身边聊天。

41. 我可以处理困难的情况而不需要别人的情感支持。

42. 我想住在一个非常昂贵、高级的社区。

43. 我喜欢有非传统观点的人。

44. 我犯了很多错误，因为我不三思而后行。

45. 我很少生气，即使别人对我很不好。

46. 在大多数日子里，我感到愉快和乐观。

47. 当我熟悉的人不快乐时，我几乎能感受到那个人的痛苦。

48. 我不希望人们认为我比他们高人一等。

49. 如果有机会，我想去听一场古典音乐会。

50. 人们经常拿我的房间或书桌的凌乱开玩笑。

51. 如果有人骗过我一次，我就会一直怀疑那个人。

52. 我觉得我是一个不受欢迎的人。

53. 说到身体上的危险，我很害怕。

54. 如果我想从某人那里得到什么，我会为那个人讲得最难听的笑话发笑。

55. 如果是关于科技史的书，我会觉得很无聊。

56. 当我设定了一个目标，我通常没有完成就放弃了。

57. 我对别人的评价往往很宽容。

58. 当我和一群人在一起时，我经常是代表这个群体说话的人。

59. 我很少会因为压力或焦虑而失眠。

60. 我决不会接受贿赂，即使数额巨大。

61. 人们常说我的想象力很丰富。

62. 我在工作中总是力求准确，甚至不惜花费时间。

63. 当人们告诉我我错了，我的第一反应就是和他们争论。

64. 我更喜欢那些需要积极社交的工作，而不是那些需要独自工作的工作。

65. 每当我感到担心的事情，我想与另一个人分享我的担忧。

66. 我想让别人看见我开着一辆非常昂贵的车到处跑。

67. 我认为自己是一个有点古怪的人。

68. 我不允许我的冲动支配我的行为。

69. 大多数人都比我更容易生气。

70. 人们经常告诉我，我应该努力振作起来。

71. 当我亲近的人离开很长一段时间时，我的情绪会很强烈。

72. 我认为我应该比一般人得到更多的尊重。

73. 有时我喜欢只看风吹过树林。

74. 在工作中，我有时会因为杂乱无章而遇到困难。

75. 我发现很难完全原谅一个对我做过不好的事的人。

76. 我有时觉得自己是个毫无价值的人。

77. 即使在紧急情况下，我也不会惊慌失措。

78. 我不会假装喜欢一个人只是为了让那个人帮我的忙。

79. 我从来都不喜欢浏览百科全书。

80. 我只做最低限度的工作来维持生活。

81. 即使人们犯了很多错误，我也很少说什么负面的话。

82. 在一群人面前讲话时，我往往会感到很难为情。

83. 我在等待一个重要决定的时候会非常焦虑。

84. 如果我确信我可以不受惩罚的话，我会忍不住使用假币的。

85. 我不认为自己是艺术或创意型的人。

86. 人们常说我是个完美主义者。

87. 当我真的认为自己是对的时候，我发现很难与人妥协。

88. 我到一个新地方做的第一件事就是交朋友。

89. 我很少和别人讨论我的问题。

90. 我会从拥有昂贵的奢侈品中得到很多乐趣。

91. 我觉得讨论哲学很无聊。

92. 我更喜欢想到什么就做什么，而不是坚持一个计划。

93. 当别人侮辱我时，我发现很难控制自己的脾气。

94. 大多数人比我更乐观，更有活力。

95. 即使在大多数人都很多愁善感的情况下，我仍然保持冷静。

96. 我想让人们知道我是一个地位高的重要人物。

97. 我同情那些没有我幸运的人。

98. 我尽力慷慨地帮助那些需要帮助的人。

99. 伤害我不喜欢的人我不会介意的。

100. 人们认为我是个铁石心肠的人。

能力测量量表

5 = 优秀

4 = 远远高于平均水平

3 = 高于平均水平

2 = 平均

1 = 平均值以下

1. 作为团队成员积极参与，推动团队实现目标。与关键团队成员和利益相关者保持强大的个人联系。将个人工作和表现与更广泛的团队联系起来，以实现共同的结果。

2. 积极识别问题和改变的机会，并在适当的地方实施解决方案。在工作任务或工作环境发生重大变化时，保持工作效率；在新的结构、过程、需求或文化中有效地调整工作。

3. 对 FAS，他或她的部门，目前的职位，以及政策、流程、实践和工具有扎实的知识，以高效和有效地完成工作。充分理解在这个职位上成功所需要的责任和技能。

4. 了解如何利用关键资源来实现目标，并完成项目和可交付成果。朝着目标稳步工作，并始终如一地按时完成任务。监督结果并根据需要进行调整，并对结果负责。在面对障碍或前进的道路不清晰的时候继续前进。

5. 展示有效的倾听技巧并确认真正理解。具有较强的口头和书面沟通能力，积极倾听他人的想法和建议。以清晰简洁的方式告知他人需要什么。始终如一地与那些需要知道的人分享适当的信息。

工作绩效测量量表

5 = 优秀

4 = 远远高于平均水平

3 = 高于平均水平

2 = 平均

1 = 平均值以下

1. 下面哪一个选项最能描述你的主管对你上次正式绩效评估的评价？

2. 与同事的生产力水平相比，你的生产数量水平如何？

3. 与你的同事相比，你的工作效率如何？换句话说，你如何利用现有资源（金钱、人员、设备等）？

4. 与你的同事相比，你跟上可能影响你工作方式的变化的效率如何？

5. 与你的同事相比，你处理工作场所突发事件（如危机截止日期、意外人事问题、资源分配问题等）的能力如何？

离职意向量表

请选择最能描述你目前工作情况的回答。

5 = 非常同意

4 = 同意

3 = 中立（既不同意也不反对）

2 = 不同意

1 = 完全不同意

1. 如果我能找到另一份薪水和现在一样好的工作，我会换工作的。

2. 我正在积极寻找另一份工作。

旷工行为量表

请回答以下关于你平时出勤习惯的问题。

5 = 非常同意

4 = 同意

3 = 中立（既不同意也不反对）

2 = 不同意

1 = 完全不同意

1. 我旷工的次数比我的同事多得多。

2. 我只会在非常特殊的情况下旷工。

迟到行为量表

在过去的两周里，你迟到了多少天？

P-O 测量量表:

5 = 非常同意

4 = 同意

3 = 中立（既不同意也不反对）

2 = 不同意

1 = 完全不同意

1. 我真的很适合这家企业。

2. 我的价值观与企业现有员工的价值观相符。

3. 当你在工作中没有机会实现与工作相关的个人目标时，你经常感到沮丧。